中等职业教育规划教材

人际沟通与礼仪

樊明 ◎ 主编

苏福业 邓开旅 ◎ 副主编

李兵坚 韦芳 文嘉 陆玉萍 荣华 陈帆 ◎ 参编

人民邮电出版社

北京

图书在版编目（CIP）数据

人际沟通与礼仪 / 樊明主编. -- 北京：人民邮电出版社，2016.2（2022.8重印）
中等职业教育规划教材
ISBN 978-7-115-40804-4

Ⅰ. ①人… Ⅱ. ①樊… Ⅲ. ①人际关系学－中等专业学校－教材②心理交往－礼仪－中等专业学校－教材 Ⅳ. ①C912.1

中国版本图书馆CIP数据核字(2016)第018039号

内 容 提 要

本书把人际沟通与礼仪的相关知识分解成七个大项目，每个项目包含2～5个知识点，并用任务驱动的方式完成各个知识点的学习。每个项目由以下几个主要部分组成：学习目标、案例导入、知识链接、技能训练、我思我悟、画龙点睛、思考与体验。

本书适合作为中等职业学校"人际沟通与礼仪"课程的教材，也可供人际沟通和礼仪学习爱好者学习参考。

◆ 主　　编　樊　明
　　副 主 编　苏福业　邓开旅
　　参　　编　李兵坚　韦　芳　文　嘉　陆玉萍　荣　华
　　　　　　　陈　帆
　　责任编辑　马小霞
　　执行编辑　肖　稳
　　责任印制　焦志炜

◆ 人民邮电出版社出版发行　　北京市丰台区成寿寺路11号
　　邮编　100164　电子邮件　315@ptpress.com.cn
　　网址　https://www.ptpress.com.cn
　　北京盛通印刷股份有限公司印刷

◆ 开本：787×1092　1/16
　　印张：9　　　　　　　　　　2016年2月第1版
　　字数：189千字　　　　　　　2022年8月北京第7次印刷

定价：25.00元

读者服务热线：(010)81055256　印装质量热线：(010)81055316
反盗版热线：(010)81055315

前　言

目前，用于公共关系学、演讲与口才、公共礼仪、人际沟通与礼仪课程的教材层出不穷，但大多数教材理论知识较多，实训案例较少，编排的方式多为纯文字，过于注重系统性，忽略实用性，学生学起来不仅乏味，而且太多内容也不容易记忆，为此，我们编写了本书。

"人际沟通与礼仪"是一门训练学生实用人际交往能力的课程，遵循以就业为导向、以学习者为中心、以职业生涯发展为需要的原则，通过对相关社会和学校现状的调研，根据社会对人际沟通与礼仪类人才的能力需求和中职生的认知特点，和其他同名出版教材相比，借鉴其理论知识的叙述方式，增加故事和实践训练方面的内容，重新组合编写出"人际沟通与礼仪"实用教程。

本书把人际沟通与礼仪的相关知识分解成七个大项目，每个大项目又分成2~5个小项目，用任务驱动的方式完成各个知识点的学习。每个项目由以下几个主要部分组成。

● 学习目标：罗列项目的主要学习要求，使学生学起来心中有数。指出经过项目学习后要具备哪些能力，使学生明确自己要努力的方向。

● 案例导入：根据中职生感性认识比理性认识强的特点，通过案例展示和思考，引入新知识，容易唤起学生的学习兴趣。

● 知识链接：本书最大的改革是把知识融入一个个小故事中，通过故事去感悟深奥的知识，学生比较容易接受和理解。

● 技能训练：为学生准备一个个可以在课堂上即时练习的小项目，以巩固所学的知识。

● 我思我悟：通过引导学生思考，养成爱动脑筋的习惯，对学生学习能力的提高有很好的促进作用。

● 画龙点睛：用一句话概括本项目的理论精华，帮助同学们更容易理解和记忆。

● 思考与体验：通过一定量的课后思考练习题，帮助学生对本项目的知识有更深刻的理解。

本书可作为中等职业学校"人际沟通与礼仪"课程的教材，也可供人际沟通和礼仪学习爱好者学习参考。

编　者
2015 年 12 月

目 录

项目一 人际交往从沟通开始 ········· 1
   1.1 沟通的概念 ····················· 2
   1.2 沟通的作用 ····················· 6
   1.3 人际沟通的原则 ················ 10
   【思考与体验】 ······················ 14

项目二 学习有效沟通 ················ 16
   2.1 认真倾听 ······················ 17
   2.2 善于发问 ······················ 23
   2.3 学会表达 ······················ 26
   2.4 巧用肢体语言 ·················· 31
   【思考与体验】 ······················ 36

项目三 学会举止得体 ················ 38
   3.1 了解礼仪的概念 ················ 39
   3.2 学习仪表礼仪 ·················· 42
   3.3 学习体姿礼仪 ·················· 49
   3.4 学习生活礼仪 ·················· 54
   【思考与体验】 ······················ 66

项目四 学习高素质的沟通 ··········· 68
   4.1 知识的积累是高素质
       沟通的前提 ···················· 69

   4.2 学习语言艺术 ·················· 72
   4.3 培养良好的修养 ················ 76
   4.4 训练良好的心理素质 ············ 81
   【思考与体验】 ······················ 88

项目五 做一个受欢迎的人 ··········· 90
   5.1 了解自我 ······················ 91
   5.2 学会自我介绍 ·················· 92
   5.3 学会与父母相处 ················ 95
   5.4 学会与老师相处 ················ 98
   5.5 学会与同学相处 ··············· 102
   【思考与体验】 ····················· 106

项目六 学习职场的沟通技巧 ······· 108
   6.1 注重细节 ····················· 109
   6.2 学会和上司交流 ··············· 114
   6.3 学会和同事和谐相处 ··········· 120
   【思考与体验】 ····················· 124

项目七 双赢解决冲突问题 ········· 125
   7.1 了解冲突 ····················· 126
   7.2 解决冲突 ····················· 129
   【思考与体验】 ····················· 134

项目一　人际交往从沟通开始

【学习目标】

- 知识目标　初步认识沟通的内涵，了解沟通的重要性。
- 能力目标　掌握沟通的基本概念、基本技巧和基本途径。

【案例导入】

阅读下面两个案例，并根据启发和提示进行分析、思考和讨论。

案例一

> 古时候有个皇帝，他的儿子夭折了，皇帝非常悲伤，便向身旁的一位大臣问道："世间何事最苦？"这个大臣如实答道："世间丧子最苦。"皇帝一听十分恼怒，拍案怒斥，大臣深感性命难保。皇帝接着又问："世上何事最难？"大臣心想：此番答得不行，免不了有杀身之祸。他灵机一动，说道："世上说话最难。"皇帝听了，便饶恕了他。

小思考

如果你是大臣，你会如何回答这位皇帝的问话？你从这则故事中感悟到了什么？

无论在古代还是在今天，沟通都是影响一个人生活品质的重要因素。沟通是一门艺术。这位大臣若不是具备高超的沟通技艺，恐怕性命难保。

有些同学可能会说："沟通谁不会，我们每天不都在沟通吗？"但你是否也遇到过类似下面故事中的情形呢？

案例二

> 李明同学没有认真学习课文。下课后，老师对他说："李明同学，不弄懂课文可不行！这样吧，咱们把这篇课文抄10遍。"第二天，李明把抄好的课文交给老师。老师一看，问道："怎么，你只抄了5遍"？"咦？老师，您自己说'咱们把课文抄10遍，那就应该是我抄5遍，您抄5遍呀"。

小思考

李明为何误解了老师的意思？

我们认为沟通是"极其平常的事情"，就像呼吸空气一样自然，以至于我们忽略了它的复杂性，最后导致沟通受阻乃至失败。

从这个故事中我们看到，沟通不仅是一门艺术，而且还是一门科学。如果这位老师能够认识到李明的理解能力并准确地表达所要传递的信息，而李明能站在老师的角度思考问题，就不会闹出故事中的笑话了。

【知识链接】

1.1 沟通的概念

新生儿都会努力地吸入第一口空气以打开肺泡，大声啼哭，向世界宣告他的到来。小婴儿只需用哭声，便可以表示吃、喝、拉、撒、睡等基本需求。然而，随着年龄的增长，一个人要表达的内容就不只是这些基本需求了。在家里，他要和父母沟通以决定是服从父母的意愿还是按自己的意愿去做事情；在学校，他要与老师、同学沟通，以获得老师同学的信任；在社会，他要与同事、服务对象沟通以完成自己的工作目标。由于我们每天都在不停地与周围人沟通，所以我们经常将沟通认为是理所当然的事，而忽略了其中所蕴涵的复杂与多解，以至于我们经常发出这样的感叹："我怎么就不被别人理解呢！"希望本节的学习能够协助你初步认识沟通的误区，以更开阔的视野来看待人际沟通。

沟通的艺术性需要训练，沟通的科学性需要学习。那我们就先认识一下什么是沟通，和你以往的认知有什么差别。

任务一　了解沟通的定义

有关沟通的定义实在是众说纷纭。由于每个人在社会上扮演的角色不同，对沟通的理解不同，对沟通的定义也就不同。我们这里归纳出典型的三种定义。

（1）**传播学认为**：沟通是用语言交流思想。

（2）**管理学认为**：沟通是为了一个设定的目标，把信息、思想和情感，在个人或群体间传递，并且达成共同协议的过程。

（3）**组织行为学认为**：沟通是人们进行思想或情感的交流，以此取得彼此了解、信任并建立良好人际关系的活动；同时，沟通又是保证人们在共同活动中协调一致的基础。

每个定义都透露出沟通过程的某些属性，同时每个定义由于目的不同而各有所长。由于管理者非常重视工作目标的实现，所以管理学家把沟通与目标紧密相连；而组织行为学家研究的主要是人际关系，因此，他们把沟通与人际关系紧密相连；而传播学者强调的是意念在公众当中的传播，所以认为沟通是一种思想的交流。

尽管沟通的定义各有侧重，但都包含了沟通的基本特征，因此，我们就沟通过程具有的最基本的特征，给出沟通的定义：**沟通是由信息的发送、传递、接收、反馈所构成的有意义的互动过程。**

1．信息的发送

信息的发送隐含着对所发送信息进行编码的过程，也就是我们平时所说的表达。前面的故事中，李明的老师作为信息的发送者，要发送一条让李明抄写 10 遍课文的信息，他把这样一条信息经过大脑加工编码为："李明，不弄懂课文可不行！这样吧，咱们把这篇课文抄 10 遍。"然后面对面地把这条信息传递给了李明。

2．信息的传递

信息是采用一定的方式，通过一定的渠道传递给接收者的。信息传递的渠道一般有面对面、电话、演讲、会议 4 种。信息传递的方式有口头语言、书面语言和肢体语言。李明的老师通过面对面渠道、以口头语言的方式把信息传递给李明。

3．信息的接收

信息的接收隐含着对发送信息的解码过程，李明把接收到的信息解码为"咱们各抄 5 遍"。

4．信息的反馈

信息反馈是信息的接收者把对信息的解码传递给信息发送者。在没有得到反馈之前，我们无法确认信息是否被有效地编码、传递和解码。反馈的信息不一定是语言，它也可以是一个动作、一个表情、一个眼神等，故事中李明给老师的反馈是抄了 5 遍课文。

5．有意义的互动过程

有意义的互动过程是指沟通行为的意图、内容被赋予了重要性。意图是指沟通的目的，内容是指想要沟通些什么。重要性是指沟通的价值，沟通的价值也就是沟通的重要性。

【技能训练】

中秋节快到了，因为今年学校通过了国家示范校评估验收，学校领导很高兴，决定中秋节发给每个学生一斤月饼和一斤水果，各班班长到学生科领回去后，由班主任统一发放。请一位同学模拟班主任，其他同学作为本班同学演绎班上发放节日物品的过程。

在这个情景中，班主任发布的信息是什么？通过哪种方式发布？同学们做出反应了吗？请用一个动作、一个表情表示大家领到节日礼物的高兴状态。

任务二 了解沟通的基本特征

1. 沟通具有目的性

任何人发起的沟通过程都是有目的的，不管对方是否知道确切的目的，不管发起者能否达到自己的目的，都不能忽略沟通所具备的目的性。也就是说人们都是有目的地进行沟通，想要通过沟通达到自己的目的。皇帝与大臣沟通的目的是想排遣心中丧子之痛，老师和李明沟通的目的是让李明掌握这篇课文。

2. 沟通具有双向性

从沟通的过程来看，一次完整的沟通是双向的，信息的传递者总是带着一定的目的传递信息：

对方接收到信息了吗？接受了多少信息？接收信息的一方解码准确吗？想要知道这些，只有通过反馈才能实现，并在连续反复的反馈过程中，不断修正解码，最终达到解码正确。

【技能训练】

撕纸游戏：道具是人手一张的空白A4纸。

要求：同学们闭上眼睛，先将纸的一角撕去后对折，再撕去另一个角，再对折，再在一个角撕去一个正方形，再对折……反复数次后，老师让大家睁开眼睛打开折纸，学生对比一下各自的"作品"，继续玩撕纸游戏。

同学们可以随意地问问题，看看结果如何？

任务三 学习有效沟通

"有效"一词在现代汉语词典中的解释是指达到了预期目的。所以，有效沟通是指实现了预期目的的沟通。

沟通的预期目的又是什么呢？无论你是因为被误解和老师沟通，还是因为想每天玩一个小时游戏而和父母沟通；无论你是为了签订一个合同去和客户沟通，还是为了让政令畅通而同下属沟通，目的只有一个：就是达成双方的彼此理解与认同，即消除彼此的差异，找出共同点，达成彼此的共识。所以，**有效沟通又可以表述为：达成彼此理解与认同。**

切忌认为有效沟通就是让他人来认同我们的想法及目的，或是希望别人照我们的意思去做。如果这样，你的沟通能力就要受到限制了。事实上，这也是大部分人在沟通上产生障碍的主要原因。如果你想要别人认同你的想法和做法，别人当然也希望你认同他的做法和想法，但问题是双方的想法和做法本来就存在差异。你不断地想告诉他人你的观念是对的，别人也不断地想让你接受他的想法没有错，你有你的目的，别人也有别人的意图，即使别人被你说服了，也是心不甘情不愿的。有人会说：我管他是否心甘情愿，只要达成我的目的就好了。那你认为这是高明的沟通方式吗？一个人在不是心甘情愿的状态下做事，你认为他就不会随时反悔吗？他可能很难尽心尽力去做，甚至一有机会就想反悔。

小故事

一周的紧张学习终于结束了，莎莎像往常一样打开电视机，收看她最喜爱的节目《超级女声》。妈妈说话了："马上就快期末考试了，你怎么还看电视？"莎莎说："难道因为期末考试，我就不吃饭了？"……莎莎和妈妈就这样争论起来。回到自己的房间后，莎莎拨通了好朋友芳芳的电话……

显然妈妈和莎莎的沟通失败了，妈妈没有达到让女儿放弃看电视而去学习的目的，她们双方没有取得理解、认同。

莎莎的妈妈没有好好和女儿沟通，而是责问式地希望女儿按照自己的意思去做，犯了沟通的大忌。有效沟通是在双方不断的交流过程中，通过相互了解、理解，最终在思想上取得认同。

【技能训练】

（1）一个人扮演莎莎的妈妈，一个人扮演莎莎，试试怎样沟通才能达到预期效果？

（2）一个人扮演莎莎，一个人扮演莎莎的同学芳芳，你们将会怎样沟通？

我们经常会听到这样的话："喂，沟通得怎样？"这里的沟通仅是一个动词，表示沟通过程的交流，而没有表示沟通的结果。在本书中除非特别说明，否则

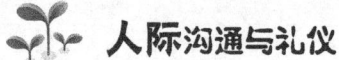

所提及的沟通都是指有效沟通。

【我思我悟】我的收获与感悟：_____

【画龙点睛】沟通是一门艺术，也是一门科学。

1.2 沟通的作用

美国石油大王洛克·菲勒说过："假如人际沟通的能力也是同糖或咖啡一样的商品，我愿意付出比太阳底下任何东西都昂贵的价格购买这种能力。"由此可见沟通的重要性。

今天，沟通和健康、知识一样，成为人们提及最多的名词之一；沟通就像空气和阳光，是我们生命不可缺少的元素。事实证明：善于沟通的人将面临更多的成功机会。

小故事

> 一天，中央电视台正在播放"挑战极限"的节目，挑战者男一号被带到了一间房屋中，这间房屋中除备有必要的食品和生活用具外，其他什么也没有。挑战期间不允许挑战者和外界有任何交流，手机等通信工具当然不存在了，看他能坚持多长时间。男一号在这间空房子里待了5天。到第五天时，他要求终止挑战，打开房门。主持人没有马上满足他的要求，想试一试他还能坚持多久，结果却听到他在里面声嘶力竭地喊："让我出去，让我出去！"然后开始猛烈地踢门，近于疯狂的程度。

小思考

男一号为什么会有这样的行为？想象一下，当门被打开时，男一号最想做的事情是什么？这个节目揭示了什么道理呢？

任务一 沟通——满足心灵的需求

在你的生活中是否经常有这样的感受——当你受到委屈时，想找人倾诉；当你取得成功时，会渴望有人与你一起分享。你希望有人能够倾听你的需求和感受。人为什么会有这种需求呢？

心理学认为人是一种社会性动物，人与人之间的沟通就像人需要食物、水、住所等一样重要。如果人失去了与其他人沟通的机会，大多会出现一些症状，如产生幻觉、丧失运动机能，且变得心理失调。由于人的性格和受教育程度不同，心理失调的表现不同，上述故事的主人公就出现了破坏性的行为。有些性格内向的人，不愿意表露自己内心的不满和失望，久而久之，便会出现抑郁症的倾向。山居隐士自愿选择遁世绝俗，则是一种例外。当我们了解这一点之后，在生活中我们要主动和别人交流，一则满足自己对沟通的需求，二则也是满足他人对沟通的心理需求，我们会因满足彼此互动的需求而感到愉快与满意。

【技能训练】

思雨得了一场重病后，原来外表漂亮的她变得面容憔悴，她不愿意见任何人，每天把自己关在房间里。病情也越来越重，家里人都很着急。

如果你是思雨的朋友，你会怎样和思雨交流。让她快乐起来，勇敢地面对疾病的挑战？

任务二　沟通——建立和谐人际关系的桥梁

好人缘是成大事者的必备因素之一。

美国前总统罗斯福说过："成功公式中最重要的一项因素是与人相处。"建立人际关系靠什么？记得有一首歌这样唱："人与人之间是条河，此岸是我，彼岸是你，莫道人间有距离……"是的，人与人之间就像一条河，由于有沟通，我们才能从此岸走到彼岸，建立起与他人的关系。

我们经常听到这样的话："领导为什么喜欢他，还不是因为他能说会道。"这也从侧面告诉我们，沟通是建立良好人际关系的基础。通过沟通，你可以了解别人，和别人建立各种不同的关系，有的是朋友，有的是工作伙伴，有的是同窗好友，有的是爱人，关系的远近亲疏都得依赖沟通的结果来作为判断的标准。

在人生的长河中，沟通使我们拥有了亲情、友情、爱情，我们因此生活着、幸福着；沟通使我们拥有了真诚合作的工作伙伴，帮助我们实现了一个又一个工作目标，我们也因此工作着、快乐着。

【技能训练】

她是我进入职业学校以来认识的第一位同学，我俩都爱学技术、喜欢跳舞，有很多共同兴趣爱好，就连有时说话都异口同声，我曾把她当作我最好的朋友。然而，我们却吵架了，吵架的原因莫名其妙，之后，我们之间的友谊似乎出现了一道鸿沟，好难跨越……我知道，我俩的友谊还在，我不相信友谊会是这么

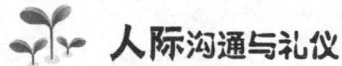

脆弱，我真想让友谊之花重新绽放。但我很无奈，很悲伤，虽然我表面装出不理不睬的样子，可内心很痛，仿佛在流血。

如果你是故事中的"我"，你会怎样去跨越友谊的鸿沟？

任务三　沟通——建立有效决策的基础

小故事

某企业正在召开圆桌会议，研究公司发展规划。

小思考

为什么要开会研究而不是公司负责人拍板定下规划方案？

对于我们个人而言，我们一生中需要做出大大小小许多决定，我们常常要决定吃什么、穿什么、考什么学校、和什么人交往、找什么工作等，有些决定无关紧要，做错了也没有什么大碍，有的决定可能就很重要，一旦做错了，就会影响你的一生。但是一个人所掌握的信息是有限的，一个人的智慧也是有限的，我们可以通过沟通促进信息的交换，启迪彼此的智慧，为做出正确的决策或决定打下基础。"三个臭皮匠，顶个诸葛亮"，这句经典名言说的正是这个道理。当我们了解到这一点后，在日常学习和生活中遇到难题时，大家就应及时沟通，一起探讨解决问题的办法。

对于一个组织而言，著名的管理学家西蒙曾提出了"管理即决策"的思想，而决策的过程就是信息交流和决定的过程。决策必须达成共识，达成共识必须借助有效沟通。通用电气公司 CEO 伊梅尔特在谈怎样支配自己的有效工作时间时说过："我差不多有 30%～40% 的时间在跟人打交道，进行交流、沟通，这是 CEO 的一项目非常重要的工作。"沟通有助于改进个人及其集体做出的决策，任何决策都会涉及干什么、怎么干、何时干等问题。每当遇到这些急需解决的问题时，决策者就需要从广泛的组织内部的沟通中获取大量信息情报，然后进行决策。组织内部的沟通为各个部门和人员进行决策提供了信息，增强了判断能力。

【技能训练】

讨论如何解决班级课堂纪律存在的问题？定出解决措施。

任务四　沟通——取得理解与支持

对于我们每个人而言，我们都渴望被理解，特别是当我们的想法和愿望与父母不一致时，我们更是渴望得到父母的理解与支持。理解，让我们得到安慰；支持，给我们力量。如何获得父母的理解与支持呢？最直接的方法就是和父母沟通。

对于一个组织而言，确保组织目标顺利实现的关键因素之一，就是确保和实现组织内部各种信息渠道的畅通，组织成员彼此能进行有效的沟通和交流。组织内部只有真诚沟通，才能相互理解；只有相互理解，才能达成共识；只有达成共识，才能相互支持。

小故事

> 第二次世界大战期间，英国首相丘吉尔充分发挥了沟通天赋，成功地协调于美、法、俄之间的关系；美国总统罗斯福发表的"炉边谈话"，始终激励着全国民众保持必胜的信念。他们依靠自己出色而独特的沟通能力，使军队、人民紧紧地团结在一起，同舟共济，击败了法西斯。
>
> 抗日战争时期，周恩来同志斡旋于国共两党之间，依靠他出色的沟通能力促进了抗日民主统一战线的建立，为中华民族取得抗日战争的伟大胜利做出了卓越的贡献。

我们不否认某些人具有沟通的天分，但是沟通的能力更多是培养和锻炼出来的。如果你诚心想提高沟通能力，就千万不能偷懒。用小本子把你过去的经历记录下来，整理并找出自己过去所遇到的沟通障碍，例如，上次和老师沟通时，为什么没有得到老师的理解？是自己观点错误，还是老师没有理解你的心思呢？自己在表达上存在哪些问题？怎样改进？这种习惯要延续下去，也就是把你今后沟通不畅的事件也都记录下来，分析原因，找出改进的办法。相信只要坚持下去，一定能取得不小收获。

小故事

> 李强酷爱烹饪，准备初中毕业后报考中职学校的烹饪专业，但是他的父母不同意，他们认为这个职业不体面，他们希望李强升高中、考大学，将来主修通信专业。显然李强和父母产生了分歧。

小思考

如果你是李强，你该怎样和父母沟通才能获得他们的理解与支持？

【技能训练】

想让老师认可你吗？试着和老师沟通一次，让老师发现你的潜力。

记住：每个人都是有潜力可挖的！

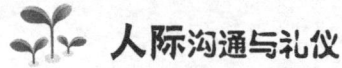

【我思我悟】 我的收获与感悟：_____

【画龙点睛】 沟通是心与心的对话，我们能从中得到智慧的启迪、思想的碰撞、情感的交流。

1.3 人际沟通的原则

从第 1.1 节和第 1.2 节的学习中，我们已经了解到沟通对我们有多重要，因此，我们更应该认真对待沟通能力的培养。培养沟通能力必须坚持一定的原则，如果把培养沟通能力作为一个目标，那么沟通原则就能为实现这一目标起到方向主导的作用。一旦方向都搞错了，任凭你怎样努力也是难以达到目的的。

小故事

> 妈妈去参加丽丽的家长会，会后得知丽丽期末考试成绩在班级里排倒数第三名，妈妈伤心得眼泪都流出来了。妈妈决定找丽丽谈谈，谈之前，妈妈心想：不要骂她，好好和她谈谈为何成绩下滑得如此厉害。但是，话还没有说几句，妈妈的火气就来了："你说，你上课有没有认真听讲，为什么老师强调的内容你都不会！我花那么多钱供你上私立学校，你就拿这样的成绩回报我！不愿意学，就别学了，去打工吧。"妈妈越说越气……

小思考

丽丽妈妈能达到沟通的目的吗？她犯了什么禁忌？

任务一　遵循有情绪时不沟通的原则

由于人在有情绪时往往容易失去理性，对事物不能做客观分析，所以带情绪的沟通常常会失败。这样的情形在生活之中比比皆是，如吵得不可开交的夫妻、反目成仇的昔日朋友、对峙已久的上司与下属。丽丽的妈妈在自己还没有从生气的情绪中摆脱出来就去和丽丽沟通，结果一些刺耳的话脱口而出，导致沟通失败。人在情绪不好时做出的决定往往是冲动的，甚至是错误的。

小故事

> 小林是某网络公司对外培训部主任，负责培训市场的开发。由于工作任务重、压力大，最近他的情绪非常焦躁。由于每天打印资料这种琐碎的事还要占据他许多时间，小林更是对此非常不满。这天，他让一位学员代他到办公室文

印部打印一份文件，遭到办公室主任的拒绝，理由是学员不能进办公室。

小林打电话问办公室主任："如果打印都要我亲自来做，那我还用干别的工作吗？"

办公室主任说："那我给你做助手？"

小林认为这是讽刺，便回答："用不起。"说着就把电话挂断了。

小思考

如果你是小林，你会如何跟办公室主任沟通？分析一下他在和办公室主任沟通过程中存在哪些问题？原因是什么？

记住：情绪不好时，不要和同事沟通工作上的事情。

【技能训练】

三人一组，其中两人表演情绪不好时的对话，一人做观察员做出评判，然后各组的观察员在班级做观察结果汇报。

任务二　遵循真诚沟通的原则

真诚沟通指的是沟通时要真心实意、态度诚恳、不虚伪、不说假话。可以说真诚是一种崇高的道德情感，是为人处世的根本，是与人沟通的先决条件，更是取信于人、获得纯洁友谊的基础。真诚还表现在对别人的坦率上。即便有了不同意见，也能及时交换看法，真心真意为对方打算，彼此胸怀坦荡，不存芥蒂，所谓"肝胆相照，谓之知心"。当然，我们每个人都会有隐私，这时你可以不说，但是尽量不说假话。

小故事

学校一次安排同学自愿观看一场电影，电影院就在学校旁边。家里有事的同学可以不看电影直接回家。商务专业部陈老师有几项工作急需完成，只靠自己一个人不能及时完工，便请小欧帮忙，小欧说她家里有事要先回去。陈老师只好又请其他人帮忙。当陈老师做完工作走出校门时，恰好碰见小欧和其他同学看完电影回来，陈老师后来又因为两项其他的工作找过小欧，但是，她都找理由拒绝了。

同学们，你们想想，这时陈老师还能相信小欧吗？也许她当时不好意思拒绝，随意找了个借口，但是，千万不能让"随意的借口"成为一种习惯，这样，即使小欧以后说了真话，别人也不会再相信她了。

【技能训练】

如果是你,当你非常想看这个电影时。你会怎样拒绝陈老师?请模拟该场景表演。

任务三　奉行相互尊重的原则

尊重别人是人际沟通中最基本的美德,也是友谊赖以维持的条件,更是建立良好人际关系的基础。要想得到别人的尊重,先要学会尊重别人。只有互相尊重,才能和别人和睦相处、推心置腹、真诚相待。

朋友之间、同事之间的相互尊重应该是多方面、多层次的。因此,尊重别人也体现在以下几点:首先,要尊重朋友的人格和尊严。有损朋友尊严的话不讲,有伤朋友感情的玩笑不开,有损于朋友名誉的流言蜚语不传。其次,不能拿朋友的生理缺陷开玩笑。尊重别人就一定要学会保护别人,不能拿生理缺陷取笑别人,因为那样是极为卑劣的行为,也是不道德、没有修养的表现。最后还要注意不要揭别人的伤疤和老底,要学会维护他人的自尊心。

小故事

北京一家外企的一个部门经理有一次大发雷霆,原来他看到一份英文报告上有一个拼写错误,有人把"Believe"写成了"Beleive"。这位经理很是精明能干,可他的眼睛里容不得任何拼写错误,他叫来了那个写错字的工程师。于是,整个走廊都听得见部门经理的声音:"你这笨蛋连这么点常识都不懂,你到底读过书没有?"e"怎么可能在"i"的前面?记住,"i"永远在"e"的前面!"可是,没过几天,那位可爱的经理又发现了类似的拼写错误,而且还是出自同一人之手。这次,经理被彻底地激怒了,他叫来了那个"屡教不改"的工程师,怒不可遏地冲他咆哮道:"你的耳朵长在头顶上了吗?为什么我说的话你不听?"那工程师很平静,说道:"你不是说"i"永远在"e"之前吗?"经理说:"看来你是明知故犯了。"工程师二话没说,随手从桌上拿起一份文件,把上面的"Boieng"字样一笔勾去,改成了"Boeing"。

小思考

工程师为什么明知故犯?

依据沟通的原则,我们看到这位经理违背了情绪不好时不沟通的基本原则,在很愤怒时去和工程师沟通。想想看，人在愤怒时，还会达到沟通吗？口不择言是其必然结果。而他口出恶言显然是对工程师极大的不尊重。一个不尊重他人的人能获得他人的尊重吗？这位经理的沟通方式不仅没有达到目的，反而还造成了工程师和他的对抗。

无论在家庭还是在社会，每个人扮演的角色不同，但人格是平等的，彼此尊重体现了一个人的修养和道德水准。

【技能训练】

如果你是这位经理，你会如何和这位工程师沟通，使其不再犯同样的错误？请各个学习小组派代表来表演。

任务四　遵守不责备、不抱怨原则

心理学家斯金纳经由动物实验证明：因好行为而受到奖赏的动物，学习速度就快，学习效果也佳；因坏行为而受到处罚的动物，则无论是学习速度还是学习效果都会比较差。最近的研究显示，这个实验用在人类身上也有同样的结果。责备、抱怨不但不能改变事实，反而只能招致怨恨。

责备、抱怨会引起对方的羞愤，常常会使员工、亲人、朋友的士气大为低落，并且对于该矫正的事情一点帮助也没有。

小故事

王磊是一家建筑公司的安全检查员。检查工地上的工人有没有戴上安全帽，是他的职责之一。据他报告，每当发现有工人在工作时不戴安全帽，他便会用职位上的权威要求工人改正："把安全帽戴上。"其结果是，受指正的人常显得不悦，而且等他一离开，就又把帽子拿掉。

后来王磊决定改变说话方式。当他再看见有工人不戴安全帽时，便会问是否帽子戴起来不舒服，或是帽子尺寸不合适。并且用愉快的声调提醒工人戴安全帽的重要性，然后要求他们在工作时最好戴上。这样的效果果然比以前好得多，也没有工人不高兴了。

这个故事让我们认清一个事实：我们想指责或纠正的对象，他们都会为自己辩解，甚至反过来攻击我们，或只是对我们无奈地说："我不知道所做的一切有什么不对。"

假如你想引起一场令人至死难忘的怨恨，只要发表一点刻薄的批评即可。我们应记住：我们所交往的对象，并不是绝对理性的动物，而是同样充满了情绪变化的人。

外交家富兰克林年轻的时候并不圆滑，但后来却变得富有外交手腕，善于与人应对,因而成了驻法大使。他的成功秘诀是:"我不说别人的坏话,只说大家的好处。"

让我们尽量去了解别人,而不要只会责备别人吧!我们只有尽量设身处地去思考他们要这样做的理由,这样比起批评、责备有益和有效得多,而且让人学会同情、忍耐和仁慈。

【技能训练】

今天,有几位同学到你家聚会,事先你没有征得妈妈的同意,而妈妈今天恰好身体不舒服提前下班了。回到家,当妈妈看到屋里一片狼藉时,不由得皱起了眉头,和你的同学打个招呼就进卧室了。同学们感受到了你妈妈的冷淡,赶快离开了你家。

小思考

你认为妈妈的态度不对,你应该怎样和妈妈沟通呢?

【我思我悟】 我的收获与感悟:_____

【画龙点睛】 遵守沟通的原则是有效沟通的基础。

【学习回顾】

通过本项目的学习与训练,你应该了解以下几个方面的内容。

(1)沟通是一种有目的的双向性活动;了解这一点后,沟通过程一定要注意双方的互动。

(2)沟通是一门科学,也是一门艺术。科学需要学习才能掌握,艺术需要实践才能登峰造极。

(3)沟通是人类的基本需求,它是建立亲情、友情、爱情的基础,也是取得理解和支持的法宝。沟通能力是现代人必备能力,它是开启成功的金钥匙。

(4)掌握沟通的四大基本原则:

① 情绪不好时不沟通原则;

② 真诚沟通原则;

③ 相互尊重原则;

④ 不责备、不抱怨原则。

【思考与体验】

测一测你的沟通能力:

（1）你是不是见了熟人，总觉得无话可说？
（2）你是不是喜欢和别人争执？
（3）你是不是常常说些犯别人忌讳的话？
（4）在与别人交谈时，你是否觉得自己的话常常不被别人正确理解？
（5）在与自己观点不同的人交流时，你是否会觉得对方的观点很怪异？
（6）在一次会议中，有人反对你的观点，你会认为那是针对你个人吗？
（7）在通知别人一件事情时你喜欢用手机发短信代替打电话吗？
（8）在和别人交流时，你说话的时间是不是比别人多？
（9）感到不顺心时，你会把自己的苦恼逢人就讲吗？
（10）在众人聚合的场合里，你喜欢把话题往自己身上扯吗？
（11）当你取得好成绩时，是否唯恐同学和好友不知道？
（12）你能不能把所要谈的问题，用各种不同的方式来谈，以适应不同的对象？
（13）你说话的声调是不是不悦耳？
（14）在与人谈话时，如果你对正确理解别人的观点没有把握，你是否会请对方给出明确指示？
（15）你在开会和听课的时候，是否能够专心听讲，尽量理解讲话者所说的内容？
（16）你不同意一个人的谈话内容时，是否还会认真听下去？

评分说明：1～11题回答否得1分；12～16题回答是得1分。

得10分者，沟通能力基本合格；得13分及以上者，沟通能力较强。

在清楚自己哪些方面存在问题后，就要努力改进，不论有多少困难，都不要灰心，即使你现在像哑巴一样不会说话，也是有办法改进的。

项目二　学习有效沟通

【学习目标】

- **知识目标**　了解有效沟通的风格，认识有效沟通的重要性。
- **能力目标**　掌握有效沟通的基本方法、技巧和途径。

【案例导入】

阅读下面两个案例，并根据启发和提示进行分析、思考和讨论。

案例一

> 王骏是一位成功的推销员，他成功的秘诀之一就是擅长激励式提问。如客户说："你们这个产品的价格太贵了。"他会问："为什么这样说呢？""还有呢？""然后呢？""除此之外呢？"提问之后马上闭嘴，然后倾听客户回答。

小思考

这则故事给了我们什么启发？

"客户说得越多说明他越喜欢你"，这是每个销售人员都应该记住的名句。通常客户一开始说出的理由不是真正的理由，王骏采用了激励性提问，它的好处在于可以挖掘出更多的潜在信息，和客户更全面地沟通以便做出正确的判断。所以倾听是沟通的前提，它将使你获得信任，成为受欢迎的人。

案例二

> 何伟向一位客户销售汽车，交易过程十分顺利。当客户正要掏钱付款时，另一位销售人员跟何强谈起了昨天的篮球赛，何伟一边跟同事津津乐道地说笑，一边伸手去接车款，不料客户却突然掉头就走，连车也不买了。何伟冥思苦想了一天，不明白客户为什么突然放弃了已经挑选好的汽车。直到夜里11点，他终于忍不住给客户打了一个电话，询问客户突然改变主意的理由。客户不高兴地在电话中告诉他："今天下午付款时，我同您谈到了我的小儿子，他刚考上清华大学，是我们家的骄傲，可是您一点也没有听见，只顾跟您的同伴

谈篮球赛。"何伟明白了,这次生意失败的根本原因是因为自己没有认真倾听客户谈话。

小思考

这则故事给了我们什么启发?

认真倾听别人说话,在倾听时一定要注意力集中,才会听清对方讲话的内容,并分享别人的快乐。在这则故事中,正是由于业务员没有认真倾听顾客的声音而失去了一笔生意,我们也应当从中吸取教训。

【知识链接】

2.1 认真倾听

生活中总有人需要我们倾听。倾听父母的唠叨,能体会到"慈母手中线,游子身上衣"的挚爱;倾听同学的心声,能感受到"海内存知己,天涯若比邻"的情意;倾听身边人的故事,能抒发"同是天涯沦落人,相逢何必曾相识"的感慨。学会倾听,能让我们感悟到生活的真谛。

任务一 积极倾听,营造有效沟通的开端

以往,我们总是认为能说会道的人是善于交际的人,其实,善于倾听的人才是真正会交际的人。话说多了,不免夸夸其谈,甚至言多必失;说过分了,就有可能祸从口出。静心倾听就不会犯这些弊病,还有兼听则明的好处。认真听,给人的印象是你谦虚好学、专心稳重、诚实可靠;注意听,能减少不成熟的评论,避免不必要的误解。善于倾听的人常常会有意想不到的收获。例如,蒲松龄因为虚心听取路人的讲述,记下了许多聊斋故事;唐太宗因为兼听而成明主;齐桓公因为细听而善任管仲;刘备因为恭听而鼎足天下。

不少研究与大量事实表明,人际关系不好的原因,很多时候不在于你说错了什么,或是应该说什么,而是因为你听得太少,或者不注意倾听所致。比如,别人的话还没有说完,你就抢着说,却讲出些不得要领、不着边际的话;还没有听清别人的话,你就迫不及待发表自己的见解和意见;对方兴致勃勃地与你说话,你却魂不守舍、目光斜视,手上还有小动作。有谁愿意与这样的人在一起交谈?

有谁喜欢和这样的人做朋友？一位心理学家曾说："以同情和理解的心情倾听别人的谈话，我认为这是维系人际关系、保持友谊最有效的方法。"

上天赐予每个人两只耳朵一张嘴，就是让我们少说多听的,想达到有效沟通，第一步不是学会如何说话，而是要学会倾听。

【技能训练】

五个同学一组，每个同学以大约100字来描述自己的兴趣，但是不能直接说出来，其余同学听完描述后以"你的兴趣是……"轮流说出自己听到的答案，再由原来的同学公布答案。

任务二　认真倾听，使你赢得信任

小故事

赵艳是做某产品直销的，业绩很不错。刚认识的时候，赵艳一直在向我展示："我长得不怎么样，但却有强大的销售和消费群体，你知道是为什么吗？那是因为我的人格魅力，他们都很信任我！"

交往了一段时间，我认为她这个人确实不错，很重感情，为了回报她的情谊，我特意买了一些不是很必需的产品。但一件小事却让我改变了对她的看法。曾经有一段时期，我为某件事很苦恼，我拨通了她的电话："……"赵艳听了一会，说："别讲你那些事了！"

我愕然！由此，我开始怀疑她的友谊的目的。此后，我很少再和她联络了。

小思考

这个故事说明了什么？

你在生活中遇到挫折的时候，第一个想找谁来倾诉？为什么会找那个人呢？因为那人会认真倾听你的烦恼，让你感到被关心的温暖，深受你的信任。同样的道理，当别人来向你倾诉时，你也应该认真聆听，让对方有被尊重的感觉，同样会使你赢得信任。

调查研究发现，沟通的行为比例最大的是倾听，而不是交谈或说话。然而在实际生活中，人们常常会忽视这一点，我们都比较喜欢发表自己的意见。但心理研究显示：人们喜欢善听者甚于善说者。所以，如果你愿意给别人一个机会畅所欲言，他们会立即觉得你和蔼可亲、值得信赖。许多人不能给别人留下良好的印象，不是因为表达得不够，而是由于他们不重视别人的讲话。这样的人是不受欢迎的。

我们不妨试试用下列方式表明你对他人说话内容感兴趣。

（1）**保持视线接触**：聆听时，必须看着对方的眼睛。人们判断你是否在聆听并接收其说话的内容，是根据你是否注视对方来做出的。

（2）**让人把话说完整**：让人把话说完整并且不插话，这表明你很重视沟通的内容。人们总是把打断别人说话解释为对自己思想的尊重，但这却是对对方的不尊重。

（3）**表示赞同**：点头或者微笑就可以表示你赞同对方正在说的内容，表明你与说话人意见相合。人们需要有这种感觉，感受到你在专心地听着。

（4）**全神贯注**：把可以用来信手涂鸦或随手把玩、使人分心的东西（如铅笔、钥匙串等）放在一边，你就可以免于分心了。人们总是把乱写乱画、胡乱摆弄纸张或频繁地看手表解释为心不在焉，即使你听得很认真也是如此。

（5）**采用放松的身体姿态**：如把头稍偏向一边，对方就会感受到他们的话得到你完全的关注了。

所有这些信号能使与你沟通的人判断你正在专心听取他所说的话，让你赢得好感。

如果你边听音乐边和别人谈话，一段时间之后，对于音乐和谈话你分别记得多少呢？相信你对两者都只留下了片段的记忆。因为每个人的注意力都是有限的，当你专心做一件事时，就不可能去专注另一件事情了。同样，当你和别人交谈时，如果老是在想自己应该说些什么时，你大概也不会有精力去听清对方说什么，结果就是他说他的、你想你的，这样的谈话就是多余的，不能达到有效沟通的目的。

【技能训练】

> 全班同学分为4个小组，每两个小组为一个单位。其中，一个小组负责一个主题内容的讲话，另一个小组负责复述。每个小组各派一名同学为代表完成本次任务。

任务三　消除障碍，让倾听更完整

在生活中，我们常常碰到这样的情况，当有同学在回答老师的提问时，总会有人去打断他的发言，或心不在焉，或旁若无人地和其他同学讨论……有些看似积极主动，其实是不集中注意力倾听别人说话的表现，是对别人很大的不尊重。

倾听在人际沟通中是很容易被忽视的一种技巧。绝大多数人认为仅需要谈而

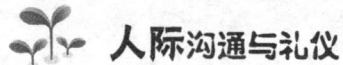

无需听就能达到目的，然而事实并非如此，成功的沟通往往是从倾听开始的。那么，是什么造成许多人不善于倾听呢？

1. 观点不同

观点不同是倾听的另一大障碍。每一个人心里都有自己的主张，很难完全接受别人的意见。如果是"英雄所见略同"，肯定是皆大欢喜；一旦对方和你意见相左，你可能就会出现反感和不信任的情绪，并产生不正确的假设，你可能会这样想："你的观点也没有什么新意，不用说我都知道是怎么回事。"带着这样的想法，自然难以认真去听对方说的话。

2. 时间不足

时间不足是倾听的另一大障碍。由于会面安排的时间过短，对方不能在这么短的时间内把事情说清楚，或者你工作繁忙，只能边工作边会面。谈话者可能言简意赅，忽略了许多的细节，而你根本就没有时间认真倾听对方所要表达的内容。在这么短的时间内既要听清楚对方所要表达的内容，还要做出回应，也就容易产生误会。

3. 抱有成见

成见也是倾听的一大重要障碍。假设你对某个人产生了某种不好的看法，如："这个人没什么能耐。"当他和你说话时，你就不可能注意倾听。又假设你和某个人之间由于某种原因，已经产生了隔阂，如果他有什么异议，你就可能认为他所做的一切都是针对你来的。无论他做什么解释，你都认为是借口。由此可见，成见作为一个人内心的预期估计，是你的主观臆测。它会阻碍你的正常思维，阻碍你获取正确信息。

小思考

你有没有遭遇过类似的情况呢？你当时是怎样处理的？

4. 急于表现

人们都喜欢自我表现。发言可以帮助你树立积极主动的形象，而倾听则是被动的。在这种思维习惯下，人们往往会在他人还未说完的时候，在还没把对方的意思听懂、听全的情况下，就迫不及待地打断对方，发表自己的观点。

我们每一个人都希望自己所说的话能有人听见、被人理解，任何心不在焉的反应都会让我们失去继续说下去的意愿。倾听，尤其是积极地倾听，比一般的听更能鼓励人们继续表达自己的看法。**良好的倾听必须做到：要先听到说话者所说的话，然后让他知道我们听到了。**

5. 消极情绪

虽然我们都能认同在有效的沟通过程中，必须以开放的态度去换位思考并感受对方的情绪，在对方感到被了解的前提下表达自己的观点。如果双方关系是和谐的、理性的，沟通的过程也许会相当顺利。但人是有七情六欲的，消极情绪的出现对任何人来说都是正常的。产生消极的情绪不要紧，问题是如何处理。

小故事

露露想和佳佳交谈，却发现佳佳一直谈论露露不想谈的话题，不管露露怎么回避，佳佳都要一说到底，终于把露露惹火了。

小思考

如果是你是露露，此时你会怎么做？

有人会当即翻脸，有人会为了面子而强忍怒气，心中却暗下决定从此不再与他往来。有效的沟通需要真诚和理性，前者真诚有余而理性不足，后者保持理性而有失真诚，两者都不是良好的沟通。当我们出现消极情绪时，首先应自我反省，如果你能充分地自我肯定，就不会被轻易激怒，甚至会体谅对方。因为你可能造成对他的威胁，导致他的不安，才会对你表现出挑衅行为。反省下来，如果发现是你的问题，你可以稍微释怀或是表示歉意，如果希望他不要继续伤害你，则应理性地表达你的感受。

【技能训练】

（1）在沟通中。你容易出现"不愿听对方说话"的原因是什么？你是如何处理的？你认为自己能够在哪些方面做出改进？

（2）老师放一段流行歌曲，时间为15分钟，同学们可以边听音乐边讨论对《超级女声》节目的看法，然后分别说出音乐的歌词。

结果是

A同学＿＿＿＿＿＿＿＿＿＿＿＿＿＿＿＿＿＿＿＿＿＿＿＿＿＿＿＿＿

B同学＿＿＿＿＿＿＿＿＿＿＿＿＿＿＿＿＿＿＿＿＿＿＿＿＿＿＿＿＿

C同学＿＿＿＿＿＿＿＿＿＿＿＿＿＿＿＿＿＿＿＿＿＿＿＿＿＿＿＿＿

（3）传话不走样。

任务四　开放你的同理心，让倾听更有效

同理心是指站在当事人的角度和位置上，客观地理解当事人的内心感受及内心世界，并且把这种理解传达给当事人的一种沟通交流方式。通俗地说就是将心比心，站在对方的立场来思考问题，赢得对方的好感，并且积极地回应其需要。

小故事

> 一只小猪、一只绵羊和一头奶牛，被关在同一个畜栏里。有一次，牧人捉住小猪，只听小猪大声嚎叫，猛烈地抗拒。绵羊和奶牛讨厌它的嚎叫，便说："他也常常捉我们，我们并不大呼小叫。"小猪听了回答道："捉你们和捉我完全是两回事，他捉你们，只是要你们的毛和乳汁，但是捉住我，却是想要我的命啊！"

小思考

这则故事说明了什么？

在生活中我们是不是常扮演绵羊和奶牛的角色呢？看到别人的痛苦也无动于衷。由于立场不同、所处环境不同，我们很难了解对方真实的感受，这就是没有开放同理心的缘故。

小故事

> 毛毛喜欢听周杰伦的歌，而父母却说：有什么好听的，他连话都说不清；毛毛还喜欢看动漫，哥哥又说毛毛永远都长不大，毛毛觉得很不被人理解，感到很无助。

小思考

你是否也曾有过类似于毛毛这样的经历呢？

其实，这也是因为大家都没有开放同理心造成的。长辈们忘记了他们也曾青春叛逆过，也曾有过自己心中的偶像；你则是忘记了他们的人生经验宝贵，社会阅历丰富。在沟通时，双方若能怀抱同理心去理解对方的感受、信念和态度，并有效地将这些感受传递给对方，让对方感到被理解和尊重，从而产生温暖感和满足感，那样才能诱发出彼此体谅、关心、爱护的沟通氛围。

同理心要求沟通者从对方的角度去了解、理解对方的信息，听明白对方在说什么，并且结合对方的感情成分，理解对方隐含的内容，真正听懂对方的意思。但同理心不等同于同情、了解及认同。

1. 同理心不等于同情

同理心是"你的心情我理解"，双方所处的地位是平等的，而同情是你处在优越的位置，给对方感情上的施舍，双方地位有高低尊卑之别。

2．同理心不等于了解

两者的参考标准不同，同理心要求沟通者暂时放弃自己主观的参考标准，从对方思考的角度看事物，从对方的处境来体谅对方的思想行为，了解对方此时产生的单方面感受。

3．同理心不等于认同

认同与赞同中包括双方对一些问题的看法，甚至价值观等方面有一致性。同理心是对方的一种亲密了解，像感受自己一样去感受对方的内心世界，由此产生同感。

开放你的同理心，就应该时常对自己说："如果我处在他所处的情况下，我会有什么感觉、有什么反应？"当你学会了站在别人的角度思考问题、解决问题，也就更加容易接受别人的建议和意见了，这对你为人处世会有很大的帮助。

【技能训练】

给父母写一封信，告诉他们你有多爱他们；让父母给你回信，告诉你他们的感受。

【我思我悟】 我的收获与感悟：_____

【画龙点睛】 倾听，是对他人的一种恭敬、一种尊重、一份理解、一份虔诚，是对友人最宝贵的馈赠。

2.2 善于发问

沟通是我们的基本生存方式，沟通能力从来没有像现在这样为人们所重视，并成为个人成功的必要条件。对个人而言，树立良好的沟通意识，养成在任何场合都能够有意识地运用沟通的理论和技巧进行有效沟通的习惯，塑造属于你的沟通风格，让你成为一个处处受欢迎的人，显然是十分重要的。

沟通的十二字诀是"了解对方真意，充分表达自我"。那如何去了解对方呢？如果大家都知道对方的想法，那么交往中就不存在沟通问题了，正是因为在很多时候我们不知道，所以才需要去了解、去沟通。

要了解对方的真实想法，首先要学会提问，通过提问去获得自己想知道的事情。高明的问话使人乐于回答，而愚蠢的问话则会引起对方失笑，甚至反感。总之，掌握问话的技巧，是开启对话的最好方法。

问题是开启信息宝库的钥匙，在沟通中如果想获得所需的信息，必须善于提问。

任务一　找到提问的关键——怎么问

提问是对别人感兴趣的一种表现，同时也是引发别人兴趣的最好方式。

提问的方式可以有很多种，包括封闭式提问、责难式提问、指令性提问、激励式提问等。每种提问方式所得到的答案会有所不同，我们应该根据自己提问的目的来选择提问的方式。

1．封闭式提问

这类问题仅需要简单的回答，只要回答肯定或否定就可以了。例如，"你今天的作业完成了没有？"

2．责难式提问

这类问题常常会引起听者的不愉快或不满意，会令回答者产生防备心理，因此应该减少使用。例如，"为什么不把作业完成？"

3．激励式提问

这类问题适用于征求听者的解决办法或意见。例如，"为了按时完成作业，我们今后应该怎么做？"

4．开放式提问

这是寻求解决问题的进一步扩展形式，它使听者有更大的自由度来回答。例如，"你认为我们应该如何做，才能按时完成今年的目标呢？"

5．指令性提问

这类问题以命令式的措辞来表述。例如，"告诉我为什么不做作业？"

小思考

以上5种提问方式，你能接受哪种呢？

相信大多数人都更喜欢第3、第4种提问方式吧。巧妙的提问为我们架起了沟通的桥梁，让别人感到被尊重，赢得大家一起努力解决问题的信任感。因此在很多情境下，为了获得回答和信息，理想的做法是使用两种或两种以上的方式进行提问。

小故事

有一对年轻的爸爸、妈妈和他们4岁的儿子陪着爷爷一起去春游。妈妈从背包里拿出两个苹果，要儿子给爷爷一个。没想到儿子将苹果拿到手后，在上面分别咬了一口。妈妈非常生气，爷爷却问道："乖孙儿，告诉爷爷，你为什么两个苹果都要咬上一口？""因为……因为我想把最甜的一个给爷爷。"

这则故事中，如果没有爷爷的问话，我们是不是就会错怪这个孩子了呢？所以，爷爷的做法是正确的，应该试着让孩子把话说完整，了解到孩子的真实想法，从而也使我们发现这个孩子是多么的可爱。

【技能训练】

体育活动竞猜。5人一小组，每个人选择一个活动项目（如踢毽子、跳绳、单杠、乒乓球比赛、篮球比赛、下棋等），用肢体语言表达该项目的内涵让同伴竞猜。

任务二　了解提问的礼节——温文尔雅

我们在提问时，很重要的是语气温和、态度谦恭，不可以心存成见。与其问"你很讨厌他吗？"或"你很喜欢他吗？"不如问"你对他的印象怎样？"对一个看来有四十岁的人问"你今年有三十多岁了吧？"肯定比问"你今年贵庚？"要好得多。这样的问话会让听者不由自主地和我们拉近距离。我们在对话的开始，应用礼节性提问表现出对谈话对象的尊重。例如，"请问您贵姓？""可以请教您一个问题吗？"或"现在和您谈话方便吗？"在谈话过程中，我们可以提些诸如"你认为这就是问题所在？""你的意思是……""你能说得更明白一些吗？"等问题，这些提问有助于我们获得更多信息，并理解问题的各个方面。如果想要别人遵照你的意思去做事，应该用商量的口气。例如，"你看这样做好不好呢？"

小思考

如果你写了一篇文章，老师看了以后觉得不满意，提出了如下修改意见。你更能接受哪种意见呢？

"如果这样写，你看怎样？""这地方不对，应该这样写，那里应该那样写。"

【技能训练】

（1）你的同桌有一个很漂亮的MP3，你想借来听听，应当如何开口呢？

（2）请两位同学分别扮演学生和老师。今天学生上学迟到了，老师用不同的语气问迟到的原因，学生用不同语气回答。请同学们评判能接受哪种语气？

【我思我悟】　我的收获与感悟：＿＿＿＿＿＿＿＿＿＿＿＿＿＿＿＿

【画龙点睛】　善于提问是良好沟通的基础。

2.3 学会表达

俗话说:"良言一句三冬暖,恶语伤人六月寒。"尤其在现代社会,口才的好坏往往能决定事情的成败。只有掌握好说话的技巧,才能在关键时刻应变自如,并赢得别人的赞同。

小故事

> 有一天,父子俩拉着一车草去集市上卖。走到半路,看见河边有只乌龟,父亲连忙喊:"别跑!别跑!等我抓住了拿去卖钱。"儿子听了说:"爹,你就别追了,它比你溜得快多了。""什么?你骂我是乌龟!"父亲听了心里很不高兴。到了集市上,卖了草,儿子说饿,父亲说你去吃啊。儿子吃了半天才出来,父亲一算账,说:"你可真能吃啊!一吃就吃了半车草。""什么?你骂我是驴啊!"儿子心里也老大不高兴。

看了这则故事我们肯定会哈哈大笑,这个人怎么说话的。正所谓"一句话能把人说得笑,也能把人说得跳。"同是一句话,有说话技巧的人,说得人家觉得中听,心悦诚服;没有说话技巧的人,说得人家动气,肝火上升,正所谓祸从口出。

我们都知道,同样的一件事情常有不同的表述方式,诸如它所影射的含义、措词的微妙差异,以及表达的时机、语气、态度等,这些都是值得我们注意的。

任务一　为准确表达你要传递的信息做好准备

在说话之前,你必须知道自己想要说什么,是想要寻求帮助,还是想了解对方的想法?说话时如果不假思索、想到就说,个人的弱点就完全暴露了。因此,事前要做一番准备:用最简单明了的语言把该说的话表达出来;不该说的话一句都不说。句句精要,层次分明、先后有序,让对方了解你的意图。

小故事

> 一个清朝举人经过三科候选,终于谋得了一个山东某县县令的职位。第一次去拜见其上司,想不出该说什么话。他沉默了一会儿,忽然问道:"大人尊姓?"上司勉强说了自己姓某。县令低头想了很久,说:"大人的姓是百家姓中所没有的。"上司非常惊异:"我是旗人,贵县令不知道吗?""大人在哪一旗?""正红旗。"县令说:"正黄旗最好,大人怎么不在正黄旗呢?"上司顿时勃然大怒。

小思考

这个县令拜见上司的目的是什么？他在哪些地方说错话了？

我们之所以要讲究说话的技巧，是因为许多人准备不足，常常不假思索就信口开河，因而导致种种不良后果。正如上例中的县令，他去拜见上司，却对上司的情况一无所知，没话找话，结果得罪了上司，恐怕连乌纱帽都难保。有很多事实证明：为了达到目的，说话时必须力求简单明了而且具有说服力。但重要的是，该说则说，不该说则不说，而且不了解的事也不说，甚至一些突然想起的话题，也应该尽量避免提及。

【技能训练】

请同学们举一些例子：自己说了以后又后悔的话（我们每个人都应该有过这样的经历吧），想想我们今后该如何避免呢？

任务二　诚恳亲切的态度增添好感

小故事

> 某企业有一个技术员非常聪明，是单位的技术高手，却有个自以为是的小毛病。和别人说话时，会把头抬得很高，也不正眼瞧人，说话时常给人一种"你懂什么？"的感觉。所以一直得不到重用，他也因此耿耿于怀。看着同门师兄弟一个个都得到了提拔，该技术员心理更不平衡了，总认为别人都是靠溜须拍马升的官，但从不在自己身上找问题。

小思考

你怎么看待以上问题？

人与人之间的沟通是一种双向的互动。如果说话时喜欢装模作样、骄纵蛮横，别人一定认为你自命不凡、优越感太强。如果话中带刺，具有强烈的攻击性，那么你一定会招致别人的极端厌恶。那位技术员自恃其才，不把别人放在眼里，自信过了头，导致在竞争中屡屡落败。俗语说"强中自有强中手"，在和你交流的人当中，很可能有比你技高一筹的，只是别人有涵养，不与你计较罢了。不能因为你的自负失去了向别人学习的机会，进而也失去再提高自己的机会。

看一看那些有成就的人，几乎每一个人都具有能与任何人融洽相处的优点。因此，我们彼此对话，以亲切为第一要素，情真意切才有好感，有好感才会收到好效果。所谓亲切诚恳，在于精神集中，用柔和的眼光正视对方，声音婉转，让听者感受到你的诚意。最忌讳说话时双手互搭在胸前，眼睛却看着别处，这种盛气凌人的态度很容易激起别人的愤怒；或者表现出种消极的神情，也足以使听者不快，还会被人讥笑为懦弱、没有骨气。要知道我们说话的态度，可以直接影响到别人对你的看法。你究竟是一个冷漠无情或乐观主动的人，还是一个自暴自弃或诚实向上的人，或是一个漫不经心或小心谨慎的人，都能从你的言谈态度中得到判断。因此，说话时应站在与对方同等的地位，以民主的方式相互交换思想和意见，才是明智的做法。

【技能训练】

请同学轮流上台展示两人互相赞美，态度要诚恳，然后由大家举手表决看谁做得最好。

任务三　掌握语速加深印象

用什么速度说话比较容易被接受呢？我们没有必要去计算你每分钟说了几个字，因为我们说话的时候绝对不会一直保持同一种语速。为了加深印象，我们有时候会说得比较快，为了强调重点，有时候又会放慢速度。说话的速度主要是以对方听得懂为基准。如果你发现对方听得没了头绪，或者内容比较生涩难懂，可放慢速度；如果你发现对方有走神的现象，或者内容比较简单，可以适当地加快速度。我们想想，为什么在听名人演讲时，会被演讲者所打动呢？是因为他们慷慨激昂的陈词、抑扬顿挫的语调、错落有致的语速，把我们带入演讲者所营造的意境中。所以在沟通的过程中，我们必须口齿清楚，意思表达流利，并要有音调的变化，有强弱重音，有感情的流露，才能收到很好的效果。总之，随时观察对方的反应来调整说话速度是很有必要的。

【技能训练】

你说话的对象是谁呢？是你身边的朋友还是全班同学？是想和你的朋友分享秘密还是要发表演说？请你用不同的语调、语气说："你今天生病了吗？"等，试问会有什么不一样的结果呢？

我们常常发现有些人习惯大声和身边的朋友交谈，肆无忌惮地大笑，在公车上很张扬地打电话，无论别人有多反感也不加收敛；但应该大声说话时，偏偏又什么都说不出来，声音低得谁也听不清楚。这都是音量控制不好的结果。音量的控制并不是人人都会注意到的,因此我们要经常提醒自己,及时加以改正。例如,在公交车上、医院里、图书馆、安静的教室或是教学楼的走廊里,我们说话都应该小声,避免打扰到别人;在发表演说或回答问题时,我们就应该慷慨陈词,勇敢地表达自己的观点。

任务四 小细节莫忽视

1. 不要随意批评他人的亲戚朋友

有句格言说:"熟悉的朋友也要讲究礼貌。"通常我们和初次见面的人或不熟悉的人说话时,会留意遣词,但随着跟对方的关系越来越亲近,有时会无意地说出伤害对方或令对方不满的话。我们必须牢记,正因为是熟悉的朋友,所以说话时更不能口无遮拦。

小故事

> 甲:我爸爸真没用,胆小如鼠,只会在家耍威风,真差劲! 乙:没错!你爸爸就是这副德性,我很讨厌这样的人!

如果你也和上面那个人一样去批评朋友的老爸,那你朋友肯定会不高兴的。因为每个人都有任性的一面,明知自己或自己身边的人有缺点,但若遭到别人批评还是会觉得不高兴的。与其附和朋友的抱怨,跟着批评,你还不如说:"世界上没有人是十全十美的,总会有缺点也有优点的。"这才算得上机灵。

【技能训练】

> 你的一个好朋友有爱说大话的毛病,你向他明说怕他生气,又不想失去这个朋友。想想看,你该怎么说,既能维护他的自尊又可以让他改掉这个毛病。

2. 不要干涉别人的兴趣

小故事

> 甲:你最爱吃什么? 乙:薯片。甲:那是垃圾食品,也敢吃? 不怕死啊!
> 乙:不关你事!

每个人的嗜好或兴趣只要不妨碍别人,都是自己的自由,是不容许别人干涉的。假如自己的趣味被批评,容易让人产生被束缚的感觉,甚至觉得自尊心受损。因此,即使彼此关系再好,也应留意不要批评对方的趣味。如果你认为他的某些嗜好对健康不利,则可以采用更婉转的方法规劝他。

如上例,我们可以说:"薯片是非常好吃,我也很喜欢的。但有害健康,还是少吃为妙。"

3．不要附和闲言碎语

当别人对你说："他很骄傲，你认为呢？"你会如何作答？你可千万别附和说："是啊！"因为背后说人坏话的人大多是"广播电台"，他和别人说起这件事的时候没准就会说："某某也是这么说的。"甚至有可能去告诉他本人："某某说你很骄傲。"这种背后打小报告的事真是不胜枚举，常有品德低下的人耍这种手段中伤或击败竞争对手。所以遇到有人说闲言碎语时，最好的方法是既不肯定也不否定，听过就算，或者三分否定七分肯定，而那三分否定也不要给对方造成致命的打击，这不仅仅是为了保护自己，也是做人应有的原则。

4．真诚地赞美对方

赞美人人都会，问题在于你是否能恰当运用，给人带来愉悦。否则，牵强的赞美只会使你陷入尴尬的境地，甚至给人留下"溜须拍马"的嫌疑。

小故事

> 某君是个马屁精，连阎王都知道他的大名。死后阎王见到他，拍案大怒："我最恨你这种马屁精。"马屁精忙叩头道："因为世人都爱被拍马，大王您公正廉明，谁敢拍您的马屁？"阎王一听，顿时怒气全消，连说："对对对！谅你也不敢拍我的马屁。"

其实每个人都愿意听好听的，关键在于恭维也得有分寸。比如和爷爷奶奶辈的人交谈时，可以多称赞他们引以为豪的过去；对父母可以说出你的感恩之情，以感谢他们为你付出的关爱；对师长不妨赞扬他的创造才能和开拓精神；对同学可以称赞他学习上的进步等。但这一切要有根据，发自内心地赞美，不要夸大其词，否则反而让人心生反感。

最需要赞美的往往不是那些功成名就的人，而是那些因被埋没而产生自卑感或身处逆境的人。他们平时很难听到赞美的话语，一旦被你当众真诚的赞美，便很有可能受到鼓舞而振作精神、大展宏图。可见，赞美不仅可以"锦上添花"，而且可以"雪中送炭"。

另外，赞美并非只有用一些固定的词语，见人就说好。有时候，可以借助于肢体语言，比如投以赞许的目光、做一个夸奖的手势、投以友好的微笑都能达到很好的效果。

学会真诚地赞美别人，我们还应该多关注别人的优点，并且及时真诚地告诉对方、赞美对方，这是我们每个人可以做到的，也是别人所需要的。对于别人身上存在的错误和缺点，也不是不可以提出来，而是要以恰当的方式提出来，把想法变成建议和请求告诉对方。

【技能训练】

每天用一句话赞美你的父母。一个月后你发现：真诚的赞赏可以收到良好的效果，批评和耻笑却会把事情弄糟。很多成功人物都具备赞赏和鼓励别人的美德，而善于经商的犹太人在与他人交往时，也总是指出别人的优点，真诚地赞赏别人。需要赞美是人的本性，赞美具有不可替代的力量。

5. 幽默语言效果非凡

幽默是一个人思想、学识、智慧、灵感、教养、道德等方面高水平的集中体现。它的特点是：在表达方式上能使人轻松愉快；在表达内容上有深刻寓意；在表达目的上是友好、善意的。在人与人的交往中，幽默诙谐的人总是能受到人们的欢迎和喜爱。

小故事

某人房屋漏雨，每次申请修缮都没有结果。一天，恰逢领导来体察民情，问及此事，人们以为他会大诉其苦，却没想到他微微一笑说："还好，不是经常，只是下雨时才漏。"一番话引得领导哈哈大笑。几天后，修房事宜就得到了解决。

幽默具有神奇的魅力：可以使人笑逐颜开，给人带来活力；可以驱散疲惫，增添情趣；也可以化解矛盾，提高办事效率。

【技能训练】

有同学来找你陪他一起看电影，但今天你的作业很多。而且答应妈妈会早点回家。你会如何拒绝同学的邀请？

【我思我悟】 我的收获与感悟：＿＿＿＿＿＿＿＿＿＿＿＿

【画龙点睛】 愚笨的人说想说的话，聪明的人说该说的话。

2.4 巧用肢体语言

不管你说不说话，你的身体都会不断地透露你内心的秘密：你的想法、你的感觉、你的情绪、你的喜好，往往能够展现许多非常有价值的信息。经过训练的心理学家，或者一个细心的人，都可以从言行举止中揣测出你的想法，甚至在相处一段时间后可以判断出你的性格。肢体语言可以强化语言沟通的效果，

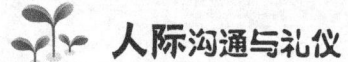

但有时也会起反作用，关键在于沟通者对它的把握与运用。

小故事

> 有一个人前去某家大公司应聘。在面试的过程中，面试官临时有事中途离开了，留下他独自等待了很长时间。他先是东张西望，双腿抖动，然后手开始翻动面试官放在桌上的资料。面试官回来后，就很礼貌地请他另谋高就了。

小思考

他为什么没有被录用？请说明理由。

在与他人交往或工作过程中，由于自己某些举止行为不当而吃到苦头，轻者遭人嫌弃，令人们避而远之；重者遭受上司鄙视，不会得到重用。可见，无论是人际交往、公司之间的业务谈判，甚至是各国之间的外交等方面，肢体语言都有着极高的重要性。

任务一　了解肢体语言

什么是肢体语言？就是通过身体信息的互动来实现沟通目标的一种沟通方式。通俗地说就是不用讲话，根据对方的表情、动作、服饰等就知道对方想法的交流方式。身体语言又称无声语言。肢体语言的内涵十分丰富，为了正确使用肢体语言进行沟通，了解不同国家、不同民族的风俗习惯是十分必要的。

1. 了解文化差异，避免误会

民族与民族、国家与国家由于文化不一样，对于某些肢体语言的信息也会产生不一样的解读。以见面问好的动作来举例，在中国，当人们初次见面时，如果男士主动抓住女士的手吻一下，肯定会招致非议。而在波兰就是再平常不过的事了，如果你不吻，别人还会认为你瞧不起她，她反而会讨厌你。

在某个地区表示友好的举动到了另一个地区可能会变成一种挑衅的行为，所以入乡随俗就显得非常重要，当你到了一个陌生的环境，一定要仔细观察当地人的互动方式，避免犯了禁忌，造成不必要的困扰。

2. 无意识的行为传递你的情感

你的行为时时刻刻都在传递你内心的感受。假设你是位部门主管，有位职员来造访，你和他谈完工作后，他又开始谈论社会时事，而你正有许多工作要忙，表面上你礼貌地听着，然而你把椅子往前一挪，开始整理桌子上的文件，不管你这个举动是有意还是无意地，它都在传递一个信息：他该走了。由此可以看到：我们的面部表情、形体动作、眼神等都向周围的人传递着我们的情感和情绪，表现出愉快、焦虑、悲哀等，而这些情绪有时是无意识的。当我们了解到这一点时，要注意自己的肢体语言，以防在人际交往中带来负面效果。

3．肢体语言沟通的多重性

不管是文字还是语言都只能通过一个渠道来传递与接收，那就是文字通过书写与视觉来传递，语言通过声音与听觉来传递，但非语言沟通的表达与接收可以通过很多方式来传递。譬如通过某个眼神、某个手势来感觉到的情绪都可能具有意义，所以你的感觉越敏锐就越能察觉到。

【技能训练】

你和你的朋友约好见面，但过了约定时间朋友还没有到，你很焦急。请通过你的肢体语言来表达你的心情。

任务二　创造此时无声胜有声的意境

肢体语言是较为普遍的沟通方式之一，我们平时都在自觉或不自觉地使用着，它可以加强语言沟通的效果，有时又可以代替语言信息，在某些情况下，它的影响力甚至胜于语言的沟通。

1．补充语言信息

人们运用语言行为来沟通思想、表达情感，往往有词不达意或难尽其意的时候，因此需要同时使用肢体行为辅助，使自己的意图得到更充分、更完善的表达。例如，当你与分别了很久的老友见面后，除了说："太好了，见到你太高兴了。"你还会久久地握住他的手或紧紧地拥抱他。这种身体动作传递的就是语言无法表达的情感。又如，你想跟大家描绘一只大猩猩，如果你再学大猩猩的样子走几步，效果肯定会更好。

【技能训练】

写一组动物或体育项目，然后两人一组，一人表演一人猜答案，表演者不能说话，从中体会非语言信息。

2．代替语言信息

肢体动作有时能代替语言信息。不知同学们有没有注意到老师平时上课时，如果教室里声音太吵了，老师会停下来，给某个同学一个眼神、一个示意，一般他就会安静下来并不好意思地低下头。这就是老师合理地利用非语言信息进行有效地沟通，甚至比点名批评取得的效果还要好。还有当你惹妈妈生气了，你不好意思向妈妈道歉，于是吃完饭主动收拾餐桌，并且把一杯热茶端到妈妈面前，这一切都表明你在向妈妈道歉。

3．了解对象

非语言沟通既能帮助我们在他人面前恰如其分地表现自己的形象，也可帮助我们了解他人。经验告诉我们，对一个人的认识在很大程度上来自对其非语言行为的观察。诸如年龄、身份、地位、兴趣、爱好、情感、意志、态度、倾向等有关的信息，都可以从非语言行为中表现出来。比如当一位西装革履、谈吐儒雅、眼神坚定的绅士和另一位西装笔挺却眼神飘忽的男士同时向你推销一种商品，你更相信哪一位呢？答案不言自明，你肯定会这样想：那位眼神飘忽的人不会是在侦察我家情况、打什么坏主意吧，我得提防点。

掌握非语言沟通的技能包括两个方面：观察对方的非语言信息；适当地发出自己的肢体的回应。就前者而言，如果能敏锐地感受到他人发出的信号，并且加以适当的回应，有助于我们在人际沟通中占据优势，还可以从中了解对方的真实意图、情绪，以便适时采取应对措施，引导出想要的结果来。就后者而言，如果能熟练地运用肢体语言，就能在沟通中更多、更快地表达自己的用意，轻松地达成沟通目的。但需要注意的是，必须将所有分散的动作加以组合解读，才能准确、完整地理解肢体语言的意义。若对一个姿势或一个身体动作单独解释，不但难以判断，即使得到了判断结果，也往往是靠不住的。

任务三　让我们的身体会唱歌

1．心灵的窗户——眼睛

俗话说："眼睛是心灵的窗户。"我国乒乓球名将邓亚萍在比赛时，总是目光犀利，气势逼人，当时的解说员这样形容她的眼睛："她的眼睛透露出一种杀气，对手往往还没有交手，就被她的眼睛震慑住了。"我们也常常看到这样的描述：一双贼溜溜的眼睛，一双无精打采的眼睛，一双忧愁的眼睛，一双机灵的眼睛，一双热情的眼睛，一双微笑的眼睛，一双游移不定的眼睛……这些描述不都体现了一个人的内心世界吗？当你不耐烦时，当你生气时，你的眼睛都会有不同的表现。当我们知道这些以后，就应学会管好自己的眼睛。

2．丰富的表情——脸庞

大多数人的面部表情是相似的，所以很容易从别人的表情中读懂他的心。通常来讲，表情丰富的人容易交到朋友，建立良好的人际关系；面无表情的人让人感觉不易亲近，给人不太好沟通的错觉。如果你想"朋友遍天下"，不妨试着在镜子前面训练自己的表情。当你笑的时候，心情会随之飞扬；一旦眉头紧锁，情绪也会跟着低落。谁都喜欢看到一张神采飞扬的笑脸，多保持快乐的表情，相信对人际关系是有利的。

3. 放松的姿态——身体

对一般人来说，肢体语言可以传达某些说不出口的要求，也可以强调你所需表达的意思。如果希望别人喜欢我们，在姿态上应该展现出开放的态度，面向对方，身体向前微倾，双手轻松下垂，以点头、微笑来回应对方。避免双手在胸前交叉，以一种居高临下的态度和对方说话，那会让人不悦，是一种极不礼貌的举动。同时，要做到站有站相、坐有坐姿。

小思考

我们身体的哪一部分表情最丰富？

【技能训练】

（1）老师可以准备8张纸，每张纸上分别写上悲伤、惊喜、愤怒、快乐、害怕、厌恶、怀疑、无聊等表情，然后请同学轮流上台来抽签、并且当众表演纸上所写的表情，由台下的同学来猜，不断重复，直到大家对各种表情都熟悉为止。

（2）请说出下列肢体语言的含义。

手指不断敲击桌面。

皱眉头。

脸红。

擦鼻子。

双臂交叉于胸前。

拇指和食指围成一个圈。

举起手，手掌向外。

【我思我悟】 我的收获与感悟：＿＿＿＿＿＿＿＿＿＿＿＿＿＿＿＿

【画龙点睛】 如果你想成为一个善于交际的人，理解非语言行为是很重要的。

【学习回顾】

塑造有效的沟通风格前提：

（1）巧妙地提问可以改变我们思考问题、解决问题的方式，关键在于问什么、怎么问。

（2）认真倾听是对别人的尊重，能赢得别人的信任，在沟通过程中，我们应消除障碍，让倾听更完整。

（3）动听的语言如和煦的春风，温暖我们的心灵，要用真诚的语言表达你的信息，要懂得赞美别人，千万不要附和别人的闲言碎语，从细节处体现你的情操。

（4）发挥你的肢体语言，它是语言沟通的补充，体现你的外在气质。

【思考与体验】

想要知道自己的沟通能力吗？回答下面的问题，它们会告诉你。

（1）你沟通时遵循了诚信原则吗？
   A．经常   B．偶尔   C．不

（2）你讲话时有口头禅吗？
   A．不   B．偶尔   C．经常

（3）你会主动与别人打招呼吗？
   A．经常   B．偶尔   C．不

（4）你关心社会时政新闻吗？
   A．经常   B．偶尔   C．不

（5）你常常会赞美别人吗？
   A．经常   B．偶尔   C．不

（6）你是否在寒暄之后，很快就找到双方共同感兴趣的话题？
   A．经常   B．偶尔   C．不

（7）你同他（她）谈话时，眼睛会望着别处吗？
   A．不   B．偶尔   C．经常

（8）你喜欢拿别人开玩笑，丝毫不顾别人的心情、自尊吗？
   A．不   B．偶尔   C．经常

（9）你经常与你的家人、朋友联络吗？
   A．经常   B．偶尔   C．不

（10）你能从冲突或错误中吸取经验教训吗？
   A．经常   B．偶尔   C．不

（11）你能满足朋友的需求，真诚地关心他们吗？
   A．经常   B．偶尔   C．不

（12）当你和别人谈话时，你是否注意对方，倾听并分析对方的话语？
   A．经常   B．偶尔   C．不

（13）每次在重要场合说话时，你都能自然大方地表现自己吗？
   A．经常

（14）对你阐述的观点别人不同意时，你会据理力争并争得面红耳赤吗？

  A．不　　　　　B．偶尔　　　　　C．经常

（15）你喜欢参加集体活动吗？

  A．经常　　　　B．偶尔　　　　　C．不

（16）你是否会为了自己的利益，而对别人说假话呢？

  A．不　　　　　B．偶尔　　　　　C．经常

（17）你是否认为你最快乐的时候，是在你远离人群独处的时候？

  A．不　　　　　B．偶尔　　　　　C．经常

（18）假如别人谈到了你不感兴趣的话题，你会随时打断对方吗？

  A．不　　　　　B．偶尔　　　　　C．经常

（19）你是否觉得和别人建立友谊是一件很难的事？

  A．不　　　　　B．偶尔　　　　　C．经常

（20）因某事而情绪激动或心情不好时，你是否会把自己的情绪发泄在他人身上？

  A．不　　　　　B．偶尔　　　　　C．经常

得分说明：选A得5分，选B得3分，选C得1分。

如果你的得分在80分以上，说明你有良好的沟通能力，你是一个处处受欢迎的人；60～80分次之，若在60分以下，你就要好好地反省自己，尝试改变自己了。

项目三　学会举止得体

【学习目标】

- 知识目标　初步认识礼仪的内涵，了解礼仪的重要性。
- 能力目标　掌握举止得体的基本要素，并把礼仪知识运用于人际交往中。

【案例导入】

阅读下面两个案例，并根据启发和提示进行分析、思考和讨论。

案例一

> 过新年了，马力把一个包装精美的礼品送给了他喜欢的小艾阿姨，小艾阿姨高兴地说："谢谢！"便随手把礼物放到了桌子上。

小思考

如果你是马力，当别人把你送的礼物随手放到桌子上，你会有什么感觉？当你拿到一份有包装的礼物时，你会怎么做？是选择收好，还是当面把礼物拆开？为什么？

这是日常生活中一件非常小的事情，但是从中我们看到，不注重礼节，将会影响人与人之间的和谐相处，只有正确使用各种礼仪才能有好的人际交往。

案例二

> 同学们在操场上踢足球，孟天负责守球门。突然一只足球朝着球门飞过来，他冲上去扑住了球，但鼻子却流出了血。看见这种情况，有些同学仍然若无其事继续说笑，有些同学大声地嘲笑他，还有些同学甚至不理，上去抢球，继续玩。王刚看见后冲了上去，一把扶起孟天，拿出纸巾让他塞在鼻子中，帮助他止血。

小思考

你怎样看待这些同学的行为？

【知识链接】

3.1 了解礼仪的概念

随着人们社会交往的日益频繁，越来越多的人意识到礼仪的重要性，不论是企业还是个人，都掀起了学习礼仪的热潮。特别是随着中国向国际化迈进步伐的加快，不论是对于企业还是个人而言，规范的礼仪都将是顺应时代进步、提高自身竞争力的前提。

举止是一个人外在的表现，举止得体就是举止符合礼貌礼节，即举止符合一定的礼仪规范。得体的举止不仅可以反映一个人的修养和文化水平，同时也可以帮助一个人在生活、工作和学习中更好地展现自己的风采和魅力。

礼仪作为在人类历史发展中逐渐形成并积淀下来的一种文化，始终以某种精神的约束力支配着每个人的行为，它是适应时代发展、促进个人进步并取得成功的重要途径。可以说，人类文明是从礼仪开始的。

握手是礼仪吗？吃饭有礼仪吗？坐车要礼仪吗？我们身边有多少行为需要礼仪？

任务一 初步了解礼仪的概念

礼仪指的是人们在社会交往中受历史传统、风俗习惯、宗教信仰、时代潮流等因素的影响而形成，既为人们所认同，又为人们所遵守，以建立和谐关系为目的的各种符合礼仪的精神及要求的行为准则或规范的总和。礼仪是以一定的或者约定俗成的程序和方式来表现律己、敬人和素养的过程。礼仪之礼者，敬人也，是做人的要求，即应尊重对方；仪则是形式，即把礼表现出来的形式。两者相辅相成，在人际交往中缺一不可。

礼仪是一门艺术。在与人交往的过程中，同样的目的采用不同的实现方式，往往会导致结果天壤之别。为了使礼仪达到预期的效果，在交往过程中，应该铭记礼仪的基本要求。

礼仪也是一门技巧。掌握这些礼仪的技巧（如语言技巧、使用名片的技巧、挂电话技巧等）能使你避免行为有失，能使你在最短的时间里获得对方更多的信息，能使你在众多矛盾中找到解决问题的突破口。

礼仪应体现在我们生活的每个角落，只要有人的地方就需要礼仪的存在。我们的仪表要礼仪、坐车要礼仪、吃饭要礼仪、电话少不了礼仪、拜访更需要礼仪……礼仪是现代生活必不可少的组成部分，没有礼仪我们将没有办法规范我们的行为。

小思考

就你现在的生活而言，你认为礼仪体现在哪些方面？

任务二　了解礼仪的重要性

1. 有助于内强素质、外塑形象

在人际交往中，礼仪往往是衡量一个人文明程度的准绳，它反映一个人的气质风度、阅历见识、道德情操、精神面貌。因此，从这个意义上讲，礼仪即教养，有教养才是文明人。通过一个人对礼仪的运用程度，可以看出他教养的高低、文明的程度及道德水准。如果我们时时处处都能以礼待人，那么就会显得很有修养。古人云："穷则独善其身，达则兼济天下；修身齐家治国平天下。"把修身放在首位。教养体现细节，细节展示形象。

2. 有助于改善人际关系

礼仪本身就是一个人修养、自尊和品位格调的体现，要获得人们的尊重就必须按照一定的礼仪和规范行动，形成自觉的意识并付诸实践。在日常生活和工作中，礼仪能够调节人际关系，从一定意义上说，礼仪是人际交往和谐发展的调节器，人们在交往时遵循礼仪规范，有助于加强人们之间的互相尊重，促进双方建立友好的合作关系。一般来说，人们受到尊重、礼遇、赞同和帮助就会产生吸引心理，形成友谊；反之会产生敌对、抵触、反感，甚至招来憎恶的心理。

3. 可以净化社会风气

以礼仪来净化社会风气，减少彼此间的摩擦，消除彼此间的怨恨，使社会更和谐；当别人表现无礼时，不但不能以同样无礼的态度来回敬，还应该告诉自己：为了要让自己活得健康一点、快乐一点，应该礼让他，并且由衷地、心口一致地以礼待他，相信这样一定能消除彼此的怨恨。

一个能够做到"礼尚往来"的人，一定是懂得尊重他人、感谢他人的人。如果人人都能做到多一分礼貌的言行，就可以减少一分暴戾之气，我们的社会就会更加和谐、更加繁荣，我们的生活也将更安全、更安定。

小故事

最近，新闻报道一则消息：有一个女硕士生因为乱穿马路而被交通警察拦住，并要求罚款50元。她不但不认错，还粗暴地打骂交警。结果，她被判拘留10天。当许多市民看到她这一不遵行礼仪的行为后，纷纷发表了自己的意见。

小思考

你认为这个女硕士上述的行为具有哪些危害？

4．获得成功沟通的保障

沟通在生活中就如人的血脉，如果沟通不畅，就如同血管栓塞，其后果可想而知。所以，要学会沟通还必须掌握其途径。而礼仪就是帮助沟通成功的重要途径和保障。在交往初期，它所代表的还是一种印象，人们一般在见面15秒钟就能形成第一印象，美好的第一印象来自你的礼仪修养，如装扮、举止、语言是否得体。美好的第一印象会给下一步的沟通敞开一扇门。要想使沟通锦上添花，就必须学会礼仪。

小故事

> 一个青年急着去王庄，但在半途不知还有多远，于是在路旁找到一户人家询问："老头，到王庄还有多远？"老人回答道："无礼。"青年以为是5里，于是继续往前赶路，可过了很远还未到，最后才反省过来，于是又原路返回，向老人赔礼，老人告诉他："天色已晚，到王庄的路还远着呢，不如到寒舍歇息一晚，明天再赶路。"

小思考

你认为这个青年的行为具有哪些可取和不可取之处？

任务三 了解礼仪的形成条件

随着人们在生活和工作中交往日渐增多，了解礼仪的内容和要求、掌握与人交往的技巧显得尤为重要。人和人之间有接触才有了解，有了解才能沟通，有沟通才会互动，这是礼仪形成的前提和必不可少的条件。

1．沟通

沟通就是要取得相互理解，只有双向的了解，才能达成真正的沟通。而沟通是礼仪的必要组成部分，如果缺少了沟通，礼仪也不能尽善尽美。

2．认知

"内行看门道，外行看热闹"。在正式场合中，很多事物都有其一定的规则。如果你对这些规则没有认知，就会闹笑话。如喝干白葡萄酒可以加冰块，喝干红葡萄酒则什么都不用加，如果你喝干红加冰块，就失礼了。又如喝咖啡时不能乱用匙子，咖啡匙的用途有两个：一是加了牛奶、糖块搅拌用的；二是觉得咖啡特别烫时，用来搅一搅降温。如果你拿着匙子舀咖啡喝，就说明你不懂规矩。所以我们必须对礼仪规范有充分认知才行。

3．互动

互动就是要获得对方的反馈，产生结果。例如，你在家里请人吃饭，明明准备了很多好吃的，你却说："饭做得不好，请多包涵。"实际上是想获得别人的赞扬。又如你去拜访别人，人家正准备出门办事，如果那时你没有及时响应，还继续拜访程序，那就会给人家留下不好的印象，你的拜访也不会成功。礼仪也是在互动过程中产生的。

礼仪在生活中是无处不在的，要想在生活和工作中体现出个人的魅力，那就需要我们大家一起从现在开始学习并掌握礼仪。

小思考

作为一名学生，你认为应该从几方面加强礼仪修养，才能真正体现一个学生的气质？

【技能训练】

通过学习，说说你对礼仪的认识，举出一个不讲礼仪引起纠纷的例子，并在班上表演给大家看。

【我思我悟】　我的收获与感悟：_____

【画龙点睛】　礼仪是行为规范，礼仪是艺术，礼仪是技巧。

3.2　学习仪表礼仪

仪表，即人的外表，包括容貌、举止、姿态、风度等。在处理政务、商务、事务或一般社交的场合，一个人的仪表不但可以体现他的文化修养，也可以反映他的审美趣味。穿着得体、彬彬有礼，不仅能赢得他人的信赖，给人留下良好的印象，还能提高与人交往的能力。相反，穿着不当、举止不雅，往往会自降身份，甚至自毁形象。由此可见，仪表礼仪既要讲究总体协调，也要注意场合、身份，同时它又是一种文化的体现。

小故事

一个酷热的下午，三名男子都穿着雪白的衬衣，同时走在大街上，走着走着，就出现了三种情况：甲解开了领口处的第一颗纽扣；乙解开了上面的第一、第二颗纽扣；丙不仅把第一、第二颗纽扣解开了，而且还解开了第三颗纽扣。

小思考

我们想一想,这时会出现什么问题?

美与丑之间的距离并非遥不可及,它可能仅仅是这颗纽扣到那颗纽扣之间的距离。我们外在形象的美与丑也是如此。美与不美的形象,可能就在于你的一句话,在于你的一个表情,在于你的一身打扮。因此,我们要想给人留下美的形象,就不能不注意我们的谈吐、举止与着装。

任务一 抓住属于自己的美丽——服饰礼仪

服饰是一种文化,反映了一个民族的文化素养。服饰又是一种语言,能反映出一个人的职业、修养、审美意识。注意服装修饰,懂得不同场合的穿着打扮,会使你的交际更加出彩。

1. 学习生活

对你来说,现在的身份就是一名在校读书的学生,而学生尚处在求学阶段,仪容原则上应以端庄、自然、质朴为好,服饰应以朴素大方、活泼整洁为好。

【技能训练】

你来试试为自己和同学们设计一套理想的校服。

2. 工作社交

选择和搭配服装,还必须搭配适合不同的地点和场合。不论是在铺着丝绒地毯的豪华宾馆里,还是在辽阔葱绿的田野里,或是在琳琅满目的商场,以及喧闹的游乐场,着装都应与环境相协调,体现出不同的风格。假如你穿着牛仔裤和T恤衫到五星级宾馆参加盛宴,不但对主人来说不礼貌,自己也会感到有失身份。在葬礼上,若有人穿鲜艳的衣服,浓妆艳抹,就会破坏肃穆的气氛,令人生厌。社交界对衣着穿戴非常敏感,尤其是与陌生人初次见面,人们往往会以貌取人,从衣着打扮上品评你的才能及人格。只有穿着打扮与环境相得益彰,才能展示出优雅、迷人的风度。要着装得体,需要从各个方面下手,根据不同的场合穿出不一样的效果,只有掌握了各种细节,了解自身的问题,才能充满自信地展现自己最美的一面。

a. 单排扣　　b. 双排扣

(1)参加派对

参加派对首先是一件相当愉快的事情,多以便装出席,基本没有限制。但应根据场合要求进行调整,家庭聚会和五星级酒店派对对服装的要求就完全不同。

一般的家庭聚会相对可以比较随意，但如果在五星级酒店如商务类的其他派对就会比较正式，要记得在不同的场合穿不同的衣服，以显示不同的身份。

（2）为好朋友过生日

既然是好朋友过生日，那在服装上基本没要求，可以随意，但也要根据现场和气氛而定，应以颜色鲜艳、代表喜庆的服装作为参加生日聚会的主要选择。

（3）参加涉外酒会

涉外酒会的形式多样，主要有正规式和普通式，有时也带点娱乐的色彩，可以根据不同的形式要求调整自己的衣着。

a. 欧版　　　b. 英版

① **女士主要着装——礼服**

礼服是女性参加一些正式的社交活动时的主要穿着，以华丽的色彩和考究的面料构成，款式以裙装居多。

② **男士主要着装——西装**

作为一名即将踏入工作岗位的男性，要做的第一件事就是为自己添置一两套西服。西装是最普通的正

c. 美版　　　d. 日版

式着装，是一种国际标准礼服，适合各种场合。在式样上以单排扣和双排扣为主，面料主要采用纯毛和混纺制品，颜色主要有藏青色、灰色和黑色。

（4）商务洽谈

① **女士着装——职业装**

不管是商务洽谈还是日常工作中，女性多以职业装作为上班的正规着装。最典型的职业装是西装套装，也就是上身西装、下身裙子，款式不宜太复杂。女西装配西装裙时，西装上衣应长短适中，而肩部过宽的女性，不宜穿挑檐式肩袖的上装，应选择肩部款式平缓的，再配以V形领，可使肩部显得窄一些；窄肩体型的女性，适合穿浅色一字领装；溜肩的女性，可选用全垫肩的款式以增加肩部的高度与宽度，挺括的西装和挑檐式肩袖的上装也都是较为理想的款式。

一般职业装搭配穿着的裙子长度至少应及膝，也可以是普通的长裙，最好是西装套裙。超短裙、无袖式或吊带连衣裙、睡裙只适用于居家或休闲，如果在较正式的场合穿则是失礼的。选择裙子要注意其厚薄、色彩与质地，不要使裙装的里衬外露。

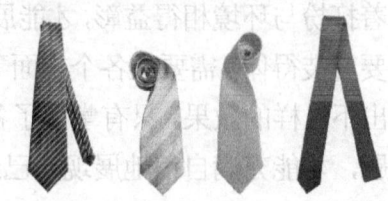

② **男士着装——西装**

在商务洽谈中，男性多以西服为主，因为它是正规服装的标志。商务洽谈作为工作的一部分，这时就不能像酒会一样穿着礼服了，一定要着西装衬衣领带出席。

(5) 探望朋友、病人

探望朋友是十分平常的事情，衣着可以比较随便，但对于探望病人的衣着就应该有所顾忌。病人都希望能恢复健康，所以在探望时不应穿着暗色系的服装，如灰色、黑色等，应避免给病人造成压抑感。

【技能训练】

小小设计师

学了第一部分的服饰礼仪，相信你已从中掌握了不少的技巧和知识，请为你的老师选择一个场合，搭配设计一两套适合他（她）的服装和配饰，并提出自己的观点。

任务二　秀出自信——仪容礼仪

仪容是指一个人的容貌，包括人的面部、头发、手部等，是一个人仪表的重要组成部分。美丽端庄的仪容是对自己的肯定，也是对他人的尊重，它会使你在人际交往中增添一份自信。不管是学生还是即将步入社会的新人，或是有着重要身份的人，都要重视自己的仪容。仪容的礼仪是你留给别人的第一印象。

1. 女性妆容

女性妆容首先要以简洁为主，其次是根据不同的脸型和场合，进行不同风格的化妆。对于学生来说，是不需要化妆的，只有在特定场合或进入社会后才可以通过化妆展示自己不同风貌。通常化妆都要根据个人脸型来修饰，只要正确掌握自己的特点，取长补短，就可以让自己的妆容达到美化仪容的效果。化妆通常为九个步骤：清洁面部、搽爽肤水、涂润肤霜、搽粉底、扑粉定妆、描眉画眼（沿45°方向在眼皮上向眼尾处涂抹）、上腮红（长形脸宜横涂，宽脸型宜直涂，瓜子脸则以面颊中部偏上为重点然后向四周扩散）、贴睫毛膏、唇妆（唇线笔可以勾画出理想的唇线但透明状不宜用），并遵循美化、自然、协调的原则，做到妆容与服饰、场合、时间、身份的统一。

化妆时要注意的细节有：

第一，妆的浓淡要考虑时间、场合。白天，在自然光下，一般略施粉黛即可；职业女士的工作妆应以淡雅、清新、自然为宜。浓妆多为参加晚间娱乐活动的女性装扮。在正式场合，女性不化妆是会被认为不礼貌的。

第二，不能在公共场所当众化妆或补妆，这样是被认为没有教养的行为。如果有需要的话，一定要去洗手间完成，切莫当众表演。

女性化妆主要是为了给大家留下一个好印象，为自己创造一个好机会，但千万不能过分化妆。最重要的是应根据你的职业性质、年龄、场合对化妆进行选择和取舍。在办公室、舞会或重要仪式上的妆容是不一样的。很多女士常常是以一张脸示人,走到哪儿都是一个妆容,这也是不可取的。

还有,了解和应用时尚元素也很重要。但也不能不管自己的年龄和身材特征,一味地赶时髦。要符合自己的身份,正如学生就要符合学生身份,老师也要像个老师,为人师表。要知道很多时尚都是针对特定年龄段和群体而推出的,看别人那样化妆很好看,用到自己脸上就不一定合适,这点千万要注意。

【技能训练】

(1)看着自己的脸,用老师介绍的各种脸型的化妆技巧,给自己设计一个符合自己的妆容。

(2)随意地选择一位同学,根据她的脸型特征,为同学化个妆,进行全班展示。

小故事

一位女士喷洒了新买的香水,心情愉快地去上班,但她却发现同乘电梯的人和办公室里的同事异样地看着她。当无意中听到同事们议论她的香水时,才明白,原来……

小思考:

这位女士明白了什么?

使用香水时应注意,不是让自己去适合香水的味道,而是要让香水来帮助你改变体味。选择香水时要挑选香味淡雅一点的,太浓的香水会盖过自己身体自然的味道,让人产生压迫感。

夏天要用较清淡的香水,冬天或晚上可用较浓郁的香水,但是不可同时使用两种香水,这样味道会变得很奇怪。

2. 男性妆容

小故事

一位不拘小节的人某日到好友家去做客,看到好友家的小孩一脸痛苦状,便上前关心询问,小孩反问他:"叔叔,你身上的味道为什么那么像动物园里的大象呀?"

相信这位叔叔此时一定是很尴尬的。男性在平时也要注意自己的仪容,但一般男性是不需要化妆的。在平时的生活中,应以保持个人清洁为主。

（1）头发

男性的头发多为油性，所以应保持干净，不要有头屑，头发的长度也不可太长，要勤于梳洗修剪，保持头发自然柔顺和清爽的感觉。

（2）胡子

胡子要每天刮除，以免让人感觉邋遢。

（3）面容

男性的毛孔天生比较粗大，加上平时工作或运动容易流汗，因此要经常洗脸，保持面部清洁。

任务三　善用美的制高点——头发

头发是人体的制高点，最能吸引他人的注意力。拥有健康、美丽的头发可以使男性焕发精神、树立自信，使女性变得更加迷人。

作为学生，保持天生的自然美和质朴美很重要。女同学的发式以清爽、自然为好，不宜烫发。男生基本上是学生头最好，不可留长发。

在我们目前所处的自然环境中，灰尘、粉尘、各种化学及微生物（细菌、霉菌）无时无刻不在侵袭着我们的头发。一天下来，不知有多少脏东西在我们的头发和头皮上"安家落户"了，因此需要经常清洗头发来保持头部的清洁。洗去头发上堆积的尘埃和污垢，保持健康清爽让人更自信。

【技能训练】

为同桌重新设计一个符合他（她）脸型的发型。

任务四　自信的 26 大法则

对于即将步入社会的年轻人，遵照以下的仪容守则可以使你在未来职业的社交舞台上尽显个人风采。

1. 女士仪容

（1）头发保持干净整洁，有自然光泽，不要太多使用发胶；发型大方、高雅、得体、干练，额前发不要遮脸为好。

（2）化淡妆、施薄粉、描轻眉，唇色浅红。

（3）服饰端庄，不要太薄、太透、太露。

（4）衬衣领口要干净，不能太复杂、太花哨。

（5）可佩戴精致的小饰品，如点状耳环、细项链等，不要戴太夸张、太突出的饰品。

（6）公司标志应佩戴在醒目位置，如有私人饰品应取下，不能并列佩戴。

（7）衣服口袋中可放薄手帕或单张名片之类的物品，不要塞太多东西。

（8）指甲精心修理过，造型不能太怪，也不能留太长的指甲，避免造成工作中的不便。指甲油可用粉色、肉色或透明的，不要使用太浓艳的颜色。

（9）工作中着及膝一步裙或裤装，裙子不要太短、太紧，裙装不宜太长、太宽松。

（10）衣裤或裙的表面不能有过分明显的内衣痕迹。

（11）鞋面洁净，款式大方、简洁，没有过多装饰与色彩；中跟为好，跟不能太高、太尖；也不能是系带式的中性鞋。

（12）随时除去沾附在衣服上的头发。

（13）丝袜钩破了一定不能再穿，可以在包里备一双丝袜。

2．男士仪容

（1）发型大方、不怪异，长短适中，头发干净整洁、无汗味、没头屑，不抹过多的发胶，以免把头发弄得像刺猬一样硬。

（2）鬓角与胡子要刮干净。

（3）涂些护肤霜，不要让脸上皮肤太干涩或泛油光。

（4）衬衣领口整洁，将纽扣扣好。

（5）耳朵两侧清洁干净，鼻孔内外清洗干净。

（6）领带要平整、端正。

（7）衣、裤袋口整理服帖，不要塞东西，以免造成鼓鼓的感觉，破坏整体服装的穿着形象。

（8）衬衣袖口可露出西装外套0.5~1厘米，不能过长。

（9）要经常洗手，手腕也要清洗干净，以保持袖口的整洁。

（10）指甲剪短并精心修理过，手指干净，没有多余的死皮。常用热水清洗，必要时擦一些护手霜，保持手的湿润与柔软。

（11）裤子要熨直，折痕清晰。裤型不紧不松，裁剪合身，长及鞋面。

（12）鞋面与两侧同样保持清洁，鞋面要保持光亮，不能有碰擦损痕。

（13）不要忘了拉上拉链。

有了这26条法则，相信你走到哪里都可以保持良好的状态，成为受欢迎的人。

【技能训练】

（1）结合学习的内容，为自己设计一套出席某场合（晚宴、商务洽谈、探望病人、工作）穿的衣服，并做相应的仪容设计，然后，在全班进行展示评选。

（2）请同学们根据自身的问题找找原因，你有什么地方要重新改进？请在课后写一份个人礼仪注意事项。

【我思我悟】 我的收获与感悟：_____

【画龙点睛】 细节决定成败，礼仪更能体现细节。

3.3 学习体姿礼仪

为什么女生看到站在T台上走秀的模特会羡慕不已呢？因为模特优美的身姿、优雅的台步散发出迷人的气息，深深吸引着她们。而很多男生都有长大后要做解放军的愿望，希望像战士一样保卫我们的祖国。这又是为什么呢？因为解放军在他们的心目中有着高大威武的形象。古语云："站如松，坐如钟。"只有做到站有站相、坐有坐姿，才能在与别人的交往中体现出卓越的个人风采。

任务一　站出精神

站立是最基本的举止。所谓站有站相，就是站立时，头正目平，面带微笑，挺拔笔直，挺胸收腹，精力充沛，重心落在双腿之间，双肩放松，双臂自然下垂，放在身体两侧，双腿直立，脚跟紧靠。要站如松，在公众场合站立时不要过于随便，千万不能耸肩弓背，双腿弯曲，双手插兜，更不要东倒西歪，即使是站立时间太久，感觉疲累时，也不能丢了站相，可以改变双腿重心来调节放松。

规范的站姿如下。

身体直立，双手放在身体两侧，双腿自然并拢，脚跟靠紧，脚掌分开呈"V"字形。

身体直立，右手搭在左手上，轻轻地贴紧腹部，双腿并拢，脚跟靠紧，脚掌分开是"V"字形。

身体直立，右手搭在左手上，轻轻地贴紧腹部，双腿分开，两脚平行比肩宽略窄。

如果站立过久，可以将左脚或右脚交替后撤一步，但上身仍须挺直，脚不可伸得太远，双腿不可叉开过大，变换也不能过于频繁。

女士还可以一只脚略前，一只脚略后，前脚的脚后跟稍稍向后脚的脚背靠拢，后腿的膝盖向前腿靠拢。

【技能训练】

我来试一试。

任务二　坐出优雅

小思考

对比一下，看看你平时是怎样坐的？

规范的坐姿如下。

在正式场合入座时，上体自然挺直稍稍向前倾，头部保持平稳，双眼平视，双肩齐平放松，双臂贴身自然下垂，两手随意放在腿上，两膝并拢，双脚自然着地。在进行商业活动的场合中，男女之间也有不同要求的规范坐姿。

（1）女性的坐姿

两腿并拢，膝盖以下同时向左放或向右放，双手分别放在双膝上；也可两腿并拢，两脚交叉，置于一侧。穿裙装时应尽量避免跷腿。

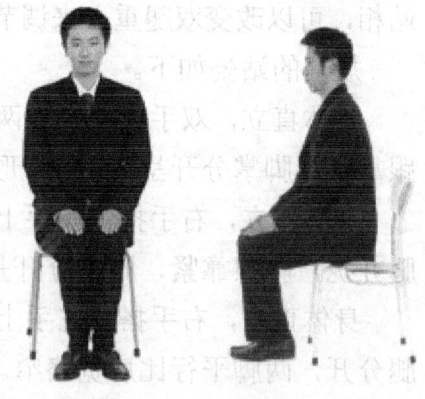

（2）男性的坐姿

上体挺直，下颌微收，双目平视，两腿稍分但不能超过肩宽，双脚平行，双手分别放在膝上。不能两腿叉开，半躺在椅子里。

坐姿同样也反映一个人的外在素质修养。入座后，双手叉腰，或是抱臂于胸前，或是整理衣服、不停晃动腿等，都是不规范的。

如果一个人在家可以随意坐，但一旦进入正式场合或有重要人物在场，就要注意坐姿，这才会让人更尊重你。如果你懒散地躺在椅子里或是靠在墙上，就会给人留下无精打采的印象。特别是参加社交活动时，如果看到有人一坐下就两腿叉开、不停抖动，或是跷二郎腿，这肯定会给你留下非常不好的印象。

同样坐姿也包括就座的姿势和坐定的姿势。入座时动作要轻而缓，走到座位面前转身，轻稳地坐下，不应发出嘈杂的声音，在正式场合，一般只坐到座位的 2/3。坐下后，两手掌心向下，叠放在两腿之上，两腿自然弯曲，小腿与地面基本垂直，两脚平落地面，男性可以双膝稍开一拳或两拳，女性则双膝并拢。

【技能训练】

假设你现在要去老师办公室讨论班级情况，老师请你坐下，那你该如何坐呢？

任务三　走出风采

看解放军官兵雄赳赳、气昂昂地迈开正步，看模特小姐踱着优雅的台步、柳腰轻摆，都是一种美的享受。步履稳健、步伐轻盈给人的感觉永远是朝气蓬勃、积极向上的。

规范的走姿如下。

（1）女士的走姿

抬头、挺胸、收腹，肩膀自然下垂，手自然地放在身体两侧，轻轻地摆动，步子也要轻，不能拖泥带水，要始终充满自信。

（2）男士的走姿

不需要像女士的步子那样轻盈，但也要抬头挺胸，走出自信。在和女士同行时，要考虑到对方，要适当调整步伐节奏，尽量与女士同步行走。

走路应忌内八字和外八字、弯腰驼背、前俯后仰，或者左右摇晃。这些都是不雅的动作，给人一种病态的感觉，让人看着不舒服。行如风，即身体要直立，两眼平视前方，两臂在身体两侧自然摆动，两腿有节奏地交替向前迈步，尽量走在一条直线上。

每个人都要从小做起，养成正确的习惯，将来才能在社交场合体现完美的修养和内在的素质。只要你好好练习，大方、优雅的动作自然会成为你举止的一部分。

【技能训练】

试一试：走出你成功的"第一步"。

任务四　靓出表情

在生活中，表情是一种无声语言，也能起到交流感情和表达意思的作用。人的面部表情包括眼、眉、面部肌肉的变化。人的眼睛和眉毛都可以表达许多不同的感情。

人际沟通与礼仪

1. 眼睛的力量

眼睛被誉为"心灵的窗户",是人类面部的感觉器官之一,可以有效地传递信息和传达感情。在社交活动中,眼神的运用要符合一定的礼仪规范,特别是与人交谈的时候,如果对对方的讲话感兴趣,就要用柔和、友善的目光正视对方的眼睛;如果要中断对话,可以有意识将目光稍微转向他处;当对方一时说错了话表现出拘谨害羞时,不要马上转移自己的视线。但如果还要继续谈话,就不要再看着对方了,以免使局面更尴尬;谈得很投入时,不要东张西望。

切忌将目光长时间集中在对方的脸上或身体的某一部位,特别是初次见面或异性之间。在不太亲密的交往对象之间,长时间直视对方,是一种很失礼的行为。

小思考

眼角上扬代表:_____

眯眼代表:_____

眼角下垂代表:_____

瞪眼代表:_____

2. 眉毛

眉毛同样可以传达信息,表达真实的情况。

眉毛平缓表示心情平和;眉头紧皱表示不满、为难、厌烦或在思索;眉梢轻挑表示怀疑和疑问;双眉向上斜立表示气恼、愤怒和仇恨等。

在平时要保持眉毛的正常平和。

3. 嘴

嘴是进行有效沟通的第一扇门,也是沟通很好的表情符号。通过嘴和嘴的表情可以帮助我们了解更多的信息。例如,我们到外面吃饭,在饭店进门的时候,服务员会说"您好,欢迎光临",出门的时候则会说"再见,希望下次再来"等。这样给人非常舒服的感觉,并留下好印象。

【技能训练】

动动你的嘴。

轻微的不悦。

轻蔑或讨厌。

赞叹或惋惜。

惊讶。

4. 微笑的力量

小故事

奥黛丽·赫本的微笑训练

提起奥黛丽·赫本，几乎无人不知，而最迷人的就是她特有的微笑。大家也许不知道，在赫本还没有成为世界瞩目的明星之前，一位教她形体的老师就要她天天做一个动作，那就是对着镜子练习微笑，笑到对镜子里的自己满意为止。起先，赫本很不以为然，根本不知道这是为了什么，根本不把那个老师的话放在心上，但老师很严格，她也没办法，于是对着镜子天天笑，后来她就去问老师这是为什么。老师就告诉她："想成为一名好演员，首先要让观众喜欢你，那就要用你最迷人的微笑去打动他们，这样你才能成功……"赫本听完恍然大悟，并继续她的练习，在经过长久的训练后，终于成功了。直到后来她把所有的观众都当作她自己的镜子，把最美丽的笑容永远留给了我们。

医生的微笑可以让病人放心；空姐的微笑可以带给旅客舒适的旅行；售货员的微笑可以让顾客买得放心、用得安心。可见微笑会给人带来温暖和信心。

【技能训练】

请你分别给4张脸画出不同的表情（喜、怒、哀、乐），并上台展示出来。

小思考

你认为什么样的表情是最美丽的？

微笑比行动和语言更具力量。俗话说"万事笑先行"，微笑不但可以表现出温馨、亲切的表情，能有效缩短双方的距离，给对方留下美好的印象，而且可以形成融洽的交往氛围。所以微笑是人际交往中的润滑剂，是结交朋友、化解矛盾的有效手段。

把你迷人的微笑展示给所有人，这样不管是在学习、生活、工作中，都可以用你最真诚的微笑打动别人，树立你的良好形象。

【技能训练】

用你的表情去打动身边的所有人。
(1) 拍照的时候叫"茄子"。
(2) 用你嘴巴做"一"字的训练。
(3) 浓眉倒竖（发怒）、横眉冷对（蔑视）/挤眉弄眼（戏

弄)、低眉顺眼(顺从)/扬眉吐气(畅快)、眉飞色舞(兴奋)。嘴部的表情是通过口型变化来表现的,如伤心时"嘴角下撇",欢乐时"嘴巴翘起",惊讶时"瞠目结舌",仇恨时"咬牙切齿",忍耐时"紧咬下唇"等。

(4)现在你是一家知名餐厅的服务人员,今天店里要接待一位特殊的客人,是位聋哑人,这时你该怎么办呢?

(5)说说体姿礼仪在社交中的重要性。

【我思我悟】 我的收获与感悟:＿＿＿＿＿＿＿＿＿＿＿＿＿＿＿

【画龙点睛】 正确的坐、站、行姿是一个人的修养和素质的外在表现,是获得良好印象的基础。

3.4 学习生活礼仪

生活中处处都要有礼仪,不管是平时吃饭、坐车、拜访,还是使用电话,礼仪都是生活中不可缺少的部分。在当今社会,如果一个人在人际交往中不讲究礼仪,就会被别人看不起。所以作为一名学生,只有掌握好各种礼仪技巧,才能处处得心应手。

任务一 使用电话

小故事

一位消费者新买的某品牌计算机出现了故障。她忘了该计算机的维修电话,于是从查号台问到该公司电话后打了过去。计算机公司的一位小姐接了电话,犹豫几秒钟后说道:"我帮你找人来说,你稍等。"谁知这一等就是好几分钟,这位消费者听到办公室嘈杂的声音,但就是没人再接电话,而事先接电话的那位小姐好像也不知去向。

小思考

假如你是这位消费者,在碰到这种情况后,你会怎么样?你还能对这个计算机品牌有好印象吗?

你觉得这位小姐的做法怎么样?假如是你。你会怎么做呢?

随着科学技术的发展和人们生活水平的提高,电话的普及率也越来越高,人们早已离不开电话,每天要接、打大量的电话。打电话看起来很容易,对着话筒同对方交谈,看似和当面交谈一样简单,其实不然,打电话大有讲究,可以说也是一门学问、一门艺术。

1. 接电话

通话时声音不宜太大,让对方听得清楚就可以,否则对方会感觉不舒服,而且也会影响到办公室里其他人的工作。

接起电话后首先应自报单位名称及所属部门。

接听电话时，要询问对方单位名称及所属部门，转接电话时为指定受话人提供便利。

当对方要找的人不在时，在不了解对方的目的之前，请不要随便传话。一般情况下不要说出指定受话人的行踪。

当你正在通电话，又碰上客人来访时，原则上应先招待来访客人，此时应尽快和通话对方致歉，得到许可后挂断电话。不过，如果电话内容很重要不能马上挂断，应告知来访的客人稍等，然后继续通话。

在电话中传达事情时，应重复要点，对于数字、日期、时间等，应再次确认以免出错。

如果对方没有报上自己的姓名，而直接询问上司的去向，此时应客气而礼貌地询问："对不起，请问您是哪位？"

要转告正在接待客人的人有电话时，最好不要口头转达，可利用纸条传递口信，这样不仅可以避免泄露秘密，也可以避免由于打岔引起的尴尬和不悦。

听不清楚对方说话的内容时，最好不要犹豫，应立即将状况明确告知对方，请对方给予改善。

如果碰到对方拨错号码，不可大声怒斥，或用力挂断电话，应该礼貌告知对方拨错了电话。相反如果是你拨错了电话，应该马上向对方道歉。

如果电话突然发生故障导致通话中断，此时务必换另外的电话再拨给对方，向对方解释清楚情况。

挂断电话前的礼貌不可忽视，要确定对方已挂断电话，才能放下听筒。

转接电话时，如果来电者要找的人不在，对方询问手机号码，一定要经过要找的人同意才能把手机号码告诉对方，否则可能严重干扰到要找的人的工作或生活。

2．打电话

(1) 重要的"第一声"，学会问候

"你好，这里是××。"声音清晰、悦耳、吐字清楚，会给对方留下好的印象，对方对你所在单位也会有好印象。电话交流已经成为人们现代生活必不可少的内容，而且成为越来越重要的交流形式。问候是展示一个人形象的第一步，是交流的重中之重。

(2) 要有愉快的心情，讲究礼貌

打电话时我们要保持良好的心情，这样即使对方看不见你，但是从愉快的语调和礼貌用语也会感染到对方，给对方留下好印象，所以即使在电话中，也要抱着"对方正看着我"的心态去应对。

（3）选择时间

打电话应当选择适当的时间。尽量在通话人上班 10 分钟以后或下班 10 分钟以前拨打，每个工作日早晨 7 点之前，晚上 10 点之后和午休用餐时间，都是不宜打电话的。不要在休息日打电话谈生意，以免影响他人休息。即使客户已将家中的电话号码告诉你，也尽量不要往家中打电话。

小故事

"喂，你给我找一下某某。"一位先生有急事给某客户打电话，拨通电话后，高声地让接电话者去找人。正好那天接电话者心情不佳，听到这种电话心情更是不爽，而且接电话者也知道他要找的人正在开会，这时也不能接听电话，于是接电话者不高兴地说："他不在。"随即挂掉了电话。

小思考

请问你认为这位先生应该如何做才对呢？如果你是那位接电话的人，听到对方不礼貌的语言，又该如何对待呢？

【技能训练】

请班级其中两人模拟一下打电话和接听电话的过程，其他同学从中找出他们有什么不恰当的地方？

小故事

"请问，李彤同学在吗？"李彤的妈妈一听到是个女同学找自己的儿子，立刻提高了警觉："你是谁啊。哪个学校的？是他同学吗？你找他有什么事吗？你怎么知道我们家电话的？"打电话的女同学听到对方妈妈这么一连串刨根问底的问话，就像是在审讯犯人一样，马上说："没什么事，不麻烦您叫他了！"

小思考

这位女同学怎么了？如果是你，你怎么办，李彤的妈妈这样做对吗？

3. 手机的使用

手机的使用越来越普及，在日常的社交场合，它的使用也要有规范，在细微之处也能体现修养。在商业交往中讲究：不响、不听、不出去接听。与人交往时，寒暄之后就要把手机关掉，以免让人感到你是三心二意。

（1）实际的用途

手机作为通信工具，其实际的用途就是打电话，不管它有多先进、多昂贵，也只不过是个工具而已,不是抬高个人身价的"象征物"。现在很多人都拿手机来相互炫耀、攀比,其实是完全不必要的。

(2) 要适时地遵守公共秩序

在一些要求保持安静的公共场所是绝对不能让手机发出声音的,如医院、学校、影剧院、音乐厅等,还有如开会、上课时都不能让手机发出声音,否则既扰乱人们的思维,又非常不礼貌。此时你就应该把手机自觉地调成"静音"。

(3) 要维护自身安全

在使用手机的同时,也要考虑安全问题,如在开车的时候就不能使用手机,以免引起车祸。还有在病房、加油站、飞机上都不能使用手机,因为手机的信号会影响治疗、引发爆炸和干扰航空飞行,这不仅仅是你自己的事情,而且关系周围人的生命安全,所以一定要注意。

(4) 短消息的正确使用

小故事

> 早上7点多,刘先生的手机就响了,是短消息。刘先生上夜班,同事朋友上午一般都不给他打电话。这会儿睡得正香的刘先生不愿意起来看短信。但他的手机有未读提示,如果不阅读,每隔几分钟就会发出提示音,没办法,刘先生只得爬起来。打开手机一看,居然是短信广告,他顿时气坏了,好好的休息就这样被破坏了。

小思考

碰到这种情况你会怎么处理?

发送短信要注意讲公德。频繁地给对方发送毫无意义的短信,把短信当成自己打发时间、放松心情的方式,就是丧失公德的表现。不顾对方是否繁忙、时间是否恰当,就发短信催促对方或非要跟人家商量事儿,也是干扰他人,所以发短信前也要换位思考。

【技能训练】

> 不管你是用手机还是座机,打电话时谁应该先挂电话?

任务二 了解餐桌礼仪

1. 中餐

小故事

> 节日里明明一家聚餐,订了一间饭店包房,准备愉快地过节。等爸爸把爷

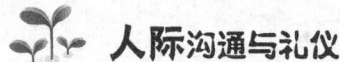

爷奶奶从家里接到酒店包房的时候，爷爷很开心地走进包房，偌大的桌子只剩下靠门的三个位子了，妈妈、姑姑、姑父、表哥和明明，大大小小的一家子人都各坐其位在一起聊天。爷爷一看，一边叹气一边摇头……

小思考

爷爷为什么要摇头叹气呢？不是有位子坐吗？有什么不对吗？

在商务就餐时，饭桌上的位置有什么不同吗？

（1）就餐排位

若是圆桌吃饭，则正对大门的为主客（最重要的人），左手边依次为2、4、6……右手边依次为3、5、7……直至坐满。

若为八仙桌，如果有正对大门的座位，则正对大门一侧的右边为主客。如果不正对大门，则面东一侧的右席为主客，主客的左手边分别为2、4、6，右手边为3、5、7。

一般来说，在比较正式的宴会里，都要事先安排好桌次和座次，以便参加宴会的人都能各就各位，入席时做到井然有序。席位的安排也应体现出对来宾的尊重。

桌次地位的高低，以距主桌位置的远近而定。以主人的桌为基准，右高、左低，近高、远低。

座次安排是宴会礼仪中最重要的部分，一般遵循"以右为尊""面门为上""居中为上"的原则。

【技能训练】

1. 假设现在有一个可以坐8个人的桌子，有爷爷、奶奶、爸爸、妈妈、姑姑、姑父、表哥和明明，你来安排一下，这个座位应该怎么坐？

2. 假设现在有一个可以坐10个人的桌子，有公司总经理、副总经理、部门经理、线长、班长、组长和四名青年员工，你来安排一下他们的座位。

小思考

假设公司同事请客,有老板参加,这个座位怎么坐?

(2) 餐桌上的礼节

当主人示意开始就餐时,客人才能开始,不能抢在主人面前。

搛菜要文明,应等菜肴转到自己面前时再夹。看别人在搛菜时,不应转动菜盘,等别人搛好后再转。在盘子中搛菜时要注意搛靠近自己这边的菜,而不应在菜盘里来回拨动。一次搛菜也不宜太多。

细嚼慢咽,不仅有利于消化,更是餐桌上的礼仪要求。

就餐的动作要文雅,搛菜时不要碰到邻座,不要把盘里的菜拨到桌上,不要把汤泼翻。

不要在用餐时发出不必要的声音,因为这些都是很不文明的表现。

就餐完毕不要有不加控制的打饱嗝等动作,在主人还没有示意结束时,客人不能先离席。

斟酒时,应从主客斟起,到本人面前要先隔过去,最后才自斟。斟酒的时候也不要过满,七成就好,以免溢出,不雅观。斟酒时要贴着酒杯壁慢慢倒,以防泡沫外溢。

【技能训练】

由老师现场设计一些不同用餐场景,由同学来表演,并请其他同学及时指正他的不足。

(3) 筷子的使用

在等待就餐时,不能用筷子敲碗、敲桌子等。

筷子不能一横一竖交叉摆放,不能一根是大头,一根是小头。平时也不宜用颜色不一或品种不一、长短不一的筷子。筷子要摆放在碗旁边,不能搁在碗上,这是对客人的不敬,同样客人吃完饭后也不能把筷子平放在碗口,这是表示对主人的不满,所以应放在碗旁。

相互搛菜的过程中,要注意避让,防止筷子相互间"打架"。

席间说话时,不要把筷子当作道具,在餐桌上随便乱舞,也不要在请别人用菜时,把筷子戳到别人面前,这是绝对失礼的。

(4) 餐桌禁忌

① 烟

公共场合不应该吸烟。与外人打交道时,特别是有女性、长者在场时更不应该吸烟，这是一种教养。不吸烟是个人在餐桌上的基本教养。

② **给他人搛菜**

在社交场合，该做到让菜不搛菜。当你和外人共同进餐时，不要随便给别人搛菜，因为你并不知道对方爱吃什么、不爱吃什么，而且按照常识，你搛的菜他都必须吃，这样，可能会使对方处于非常尴尬的境地。

③ **劝酒**

在餐桌上应该做到助酒不劝酒。国内很多人吃饭时讲究"喝一杯"，还喜欢劝酒，于是在酒桌上耗去了很多时间。交往需要摆正自己的位置，以对方为中心，是否喝酒，应尊重对方的意愿。

④ **整理服饰**

不应在餐桌上整理服饰。尤其是在国际交往中，女士如在餐桌上整理服饰，或拿出小镜子补妆，是非常不礼貌的。

⑤ **吃东西发出声音**

吃东西时不应发出声音，因为吃东西发出声音是极不文明的。

2. 西餐

（1）排位

西餐的位置排列与中餐有相当大的区别，中餐多使用圆桌，而西餐一般都使用长桌。如果两位异性同去餐厅，男士应请女士坐在自己的右边，还得注意不可让她坐在人来人往的过道边。若只有一个靠墙的位置，应请女士就座，男士坐在她的对面。如果两位男士陪同一位女士进餐，女士应坐在两位男士的中间。如果两位同性进餐，那么靠墙的位置应让给其中的年长者。西餐还有个规矩，即每个人入座或离座，均应从座椅的右侧进出。

（2）就餐礼仪

小故事

方明是一位高级经理，受邀参加一家酒店的自助酒会，席间都是和方明有同样工作背景的商务人士，这使他和别人找到了很多共同语言。方明越聊越开心，越聊越兴奋，不由自主地抓起盘中的鸡腿等食物，把刀叉扔在一边，直接用手往嘴里送，说话的同时还用油乎乎的手在空中挥舞、比划着……腿也跷到了椅子上。旁边的人都用很诧异的眼光看着方

明，并质疑这是一位高级经理吗？在众人奇怪的眼神中，方明突然意识到了问题，可是……

小思考

你来帮方明纠正一下，他错在了哪里？

你觉得吃西餐时，刀叉应如何使用才是最准确的？（　　）

A．左刀右叉　　　　B．左叉右刀　　　　C．两手抓刀　　　　D．两手抓叉

① 刀叉的使用

刀叉的用法为左手拿叉，右手拿刀。餐桌上摆放的刀叉有一定顺序，一般以三套刀叉居多，用餐时由外向内依次取用。冷盘用叉，吃鱼用银刀叉，吃肉用钢刀叉，吃生菜用叉，布丁或点心用叉或匙，水果用刀和叉。用餐过程中，如未吃完，请把刀叉放在盘的两侧，摆放方法是叉在左边面朝下，刀在右边与叉形成一个角；用餐完毕，刀和叉应并排放在盘子的右边或中间，以示意服务员收去。刀放下时刀口应向内。

在席间谈话时，可以不必将刀叉放下。但如果你要做手势，就应该把刀叉放下，切不可拿着刀叉在空中比划，也不能将刀叉竖起来拿着。

【技能训练】

根据实际情况模拟一个用餐的场景，邀请两个同学，其中一个同学用刀和叉用餐，另一个同学做服务员，看看他们在用法上是否正确。

② 餐巾的使用

第一件事就是打开餐巾平铺在自己的膝盖上。餐巾是用来擦嘴和擦手的，切勿用其擦脸或鼻子。进餐中，餐巾应始终放在腿上，如果暂时离开，可将餐巾折起，放在位子上或盘子旁。用餐完毕，将餐巾放到盘子的左手边。

③ 就餐顺序

头盘——汤——副菜——主菜——蔬菜类菜肴——甜品。

④ 就餐标准

就座时，身体要端正，手肘不要放在桌面上，不可跷足，与餐桌的距离以便于使用餐具为佳。餐台上已摆好的餐具不要随意摆弄。将餐巾对折轻轻放在膝上。

喝汤时不要啜，吃东西时要闭嘴咀嚼。不要舔嘴唇或咂嘴发出声音。如汤菜过热，可待稍凉后再吃，不要用嘴吹。喝汤时，用汤勺从里向外舀，汤盘中的汤快喝完时，用左手将汤盘的外侧稍稍翘起，用汤勺舀净即可。吃完汤菜时，将汤匙留在汤盘（碗）中，匙把指向自己。

吃鱼、肉等带刺或骨的菜肴时，不要直接往外吐，可用餐巾捂嘴轻轻吐在叉上放入盘内。当盘内剩余少量菜肴时，不要用叉子刮盘底，更不要用手指相助食用，应以小块面包或叉子辅助食用。吃面条时要用叉子先将面条卷起，然后送入口中。

面包一般掰成小块送入口中，不要拿着整块面包去咬。抹黄油和果酱时也要先将面包掰成小块再抹。吃面包可蘸调味汁，吃到连调味汁都不剩，是对厨师的礼貌。注意不要把面包盘子舔得很干净，而要用叉子叉住已撕成小片的面包，再蘸一点调味汁来吃，这才是优雅的做法。

吃鸡时，欧美人多以鸡胸脯肉为主。吃鸡腿时应先用力将骨去掉，不要用手拿着吃。吃鱼时不要将鱼翻身，要吃完上层后用刀叉将鱼骨剔掉后再吃下层。吃肉时，要切一块吃一块，块不能切得过大，或一次将肉都切成块。

喝咖啡时如添加牛奶或糖，添加后要用小勺搅拌均匀，将小勺放在咖啡的垫碟上。喝时应右手拿杯把，左手端垫碟，直接用嘴喝，不要用小勺一勺一勺地舀着喝。吃水果时，不要拿着水果整个去咬，应先用水果刀切成四瓣再用刀去掉皮、核，用叉子叉着吃。

虽然用餐的标准很多，但它可以反映出一个人的文化水平和内在素养。

【技能训练】

请同学模拟在吃西餐或中餐过程中的各种礼仪，请你指出他不对的地方。

任务三　了解乘车礼仪

在日常生活中，我们每天外出都离不开交通工具。乘坐公交车的礼仪无非是要遵守秩序，排队上车，遇到老弱病残、孕妇和怀抱小孩的乘客要主动给予帮助,让他们先上车,上车后不要抢位子等。但是在正式的社交场合,乘坐轿车的礼仪是一个商务人士必备的常识。

小故事

> 小李和露露是男女朋友,有说有笑地准备相约一起去郊游,在马路上叫了一辆出租车。车一停稳,小李不由分说拉门就进,坐好后等着露露进车。一路上,露露没说一句话,很生气地看着窗外。小李看着露露,一脸迷茫……

小思考

你知道露露怎么了吗?小李又在哪些方面惹露露不高兴了?

1. 座位礼仪

乘坐有司机驾驶的小轿车,不管驾驶盘在左还是在右(美国、中国等在左,英国、日本等在右),都是以后排右座为首位,左座次之,中座再次之,司机旁边的是末座。

如果主人充当司机,那么司机旁的位置则为首座。其次才是后排右座,再是后排左座,后排中间为末座。

如果你乘坐朋友亲自驾驶的小汽车,而车上又只有你们两个人,那么,你就应该坐到朋友的身边去;可如果朋友的太太也要乘车,你就应该主动坐到后排去,把副驾座位让给朋友的太太。

2. 乘车步骤

同样在乘车的问题上,在平时的生活中也无关轻重,一旦进入正式场合,乘车的规范也能看出一个人的涵养。男士相对比较自由,但要记得时时体现绅士风度,上车时不要急在一时,要帮助女士开车门,让女士先进车里,下车时帮女士拉门,并注意护住女士头部以免碰到车顶等细节。

而女士在乘车时就要有一定的规范了。女士乘车不要一只脚先踏入车内,也不要爬进车内。必须站在座位边上,把身体降低,让臀部坐到位子上,再将双腿一起收进车里,双膝一定要保持合并的姿势。下车时也是如此,先让双腿同时踏到地面上,再起身走出车来,并记得拿回物件,不要在车上乱丢东西。

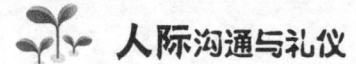

【技能训练】

在教室中模拟一个乘车的场景,请四位同学分别用不同的步骤来操作一下坐车的标准礼仪。

任务四 学习拜访礼仪

商务拜访对于日常企业的业务往来是很平常的事,拜访时的礼仪常常是拜访成功与否的关键。

1. 拜访中要注意的6大事项

第一,拜访应选择适当的时间,如果双方有约定,就应准时赴约。万一因故迟到或取消访问,应立即通知对方。不要约在对方午休或用餐的时间前去拜访,那是很不适当的。

第二,到达拜访地点后,如果与接待者是第一次见面,要主动问候致意,进行自我介绍,如果对方先行握手礼,要热情回应,否则,不要先行握手礼。还应主动递上名片,字体正面朝向对方,双手递出。

第三,在你到达后,将你的名字和约见的时间告诉接待员,主动递上名片,以便接待员能通知对方。

第四,若与接待者的意见相左,不要争论不休。对接待者提供的帮助要致以谢意,但不要过分。

第五,谈话时开门见山,不要高谈阔论,浪费时间。一般情况下对方都很忙,所以你要尽可能快地进入正题,而不要闲扯个没完。清楚直接地表达你要说的,不要讲无关紧要的事情。说完后,让对方发表意见,并要认真地听,不要辩解或不停地打断对方讲话。若有其他意见,可以在他讲完之后再说。

小故事

李先生是王先生的客户。因为工作需要,王先生今天特意来拜访李先生,讨论一下他们产品的问题。在交谈中李先生的太太打了好几个电话来,王先生这才知道今天是李先生女儿10周岁的生日。看见时间不早了,虽然还有很多紧急问题没有协商,但王先生还是起身告辞了,并马上嘱咐他的司机为李先生的女儿去买一份生日礼物。

小思考

王先生业务还没有谈完就要走了,他为什么要这么做?

假如你是李先生,你认为王先生这种做法怎么样?

第六，要注意观察接待者的举止表情。当接待者不耐烦或表情为难时，应转换话题或口气。登门拜访要有时间观念，不要因为自己停留的时间过长，而影响对方其他的日程安排，告辞时，即使主人表示挽留，仍应执意离去，且要向对方道歉，请主人留步，不必远送。

2．握手的礼仪

在拜访中，握手是常规的礼仪。

小故事

明明和朋友在餐厅吃饭的时候，碰到了熟人，于是大家相互介绍了一下。对方正在啃鸡腿，听到介绍不好意思了，马上站起来，伸出那只油手来和明明握手，这时的明明却不知怎么是好了。

小思考

为什么明明不知道该怎么做了？如果你是明明，你会和他握手吗？

（1）握手注意事项

第一，要专心致志。和别人握手的时候，不要三心二意。一定要认真地看着对方，面带笑容。另外要注意，和别人握手时，要把握好停留时间和用力的分寸。一般来讲，两个人握手应停留3～5秒，稍微握一握，再晃一晃，稍许用力。

第二，握手要讲伸手的前后顺序。如果说介绍双方，先介绍地位低的，后介绍地位高的，这叫"尊者居后"；握手时则要倒过来，握手时讲究"尊者居前"，地位高的人先伸手。男人和女士握手，女士先伸手；长辈和晚辈握手，长辈先伸手；上级和下级握手，上级先伸手。

（2）握手的禁忌

不用左手握手，只能用右手。

和异性握手一般不用双手，除非是故友重逢、慰问对方。

握手时，不能戴帽子、墨镜或手套。

在国际交往中，碰到很多人在一起的时候，要避免交叉握手。

【技能训练】

（1）大家一起来握手。同桌之间感受一下握手的礼仪。请大家相互观察，

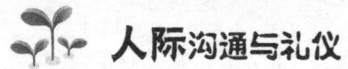

做得不好的同学他们错在哪里了呢？
（2）了解了电话礼仪后，你认为电话礼仪中最重要的是什么？
你对中餐和西餐的就餐礼仪有什么不同的看法？

【我思我悟】 我的收获与感悟：_____
【画龙点睛】 生活礼仪更能彰显人的素养。

【学习回顾】

在本项目中我们从礼仪的基础出发，了解了什么是礼仪，礼仪特征的各个层面，又分别从礼仪细节方面的仪容、体姿规范等方面详细介绍了礼仪的知识。通过本章内容的学习，不但能引导同学们从点滴做起，把站、坐、行的规范运用到平时的生活工作中，也教给同学们如何分场合穿衣、化妆等生活礼仪的知识，为装点自己美丽的人生打下基础。

【思考与体验】

1. 测一测（单选题）

（1）作为学生，在校园里的着装应该是（　　）。
　　A．校服　　　B．晚礼服　　　C．职业装　　　D．西装
（2）如果主人充当司机，（　　）位子是首位。
　　A．后排左座　B．后排右座　C．司机旁的位置　D．后排中间
（3）正确的走姿是（　　）。
　　A．弯腰驼背，或者前俯后仰，或者左右摇晃
　　B．走路内八字或外八字
　　C．行如风，即要身体直立，两眼平视前方，两臂在身体两侧自然摆动，两腿有节奏地交替向前迈步，尽量走在一条直线上
　　D．抬头、挺胸、收腹，肩膀往后收快速地行走
（4）在职场中女士应化妆，以示对他人的尊重，下面正确的是（　　）。
　　A．在公共场所当众化妆或补妆
　　B．职业女士的工作妆要以淡雅、清新、自然为宜
　　C．妆化得越浓越好
　　D．不合场合的化妆，以求达到夺人眼球的效果
（5）手机的运用应该（　　）。
　　A．在飞机上和其他的公众场合都可以使用

B. 在公众场合大声地接听电语

C. 把手机作为是抬高自己身价的"象征物"

D. 在要求保持安静的公共场所中不能让手机发出声音

（6）正确的餐桌礼仪是（　　）。

A. 把盘里的菜拨到桌上，把汤泼翻

B. 在吃菜时嘴巴发出"吧唧"的声音

C. 在主人还没有示意结束时，客人先离席

D. 当主人示意开始时，客人才能开始，不能抢在主人面前

（7）你觉得吃西餐时，刀叉应如何使用才是最准确的？（　　）

A. 左刀右叉　　　　　　B. 左叉右刀

C. 两手抓刀　　　　　　D. 两手抓叉

（8）就餐时，餐巾的使用礼仪应该是（　　）

A. 餐巾应始终放在腿上

B. 用其擦脸或鼻子

C. 将餐巾放到盘子的右手边

D. 把它系在脖子上，以免菜、汤弄到衣服上

2．测一测（多选题）

（1）拜访中，应注意的事项有（　　）。

A. 拜访应选择适当的时间，如果双方有约，应准时赴约

B. 与接待者的意见相左，不要争论不休

C. 要注意观察接待者的举止表情，适可而止

D. 第一次见面，要主动问候致意，进行自我介绍

（2）男性妆容平时应该做到（　　）。

A. 头发干净　　　　　　B. 刮除胡子

C. 个人清洁　　　　　　D. 不吸烟

（3）握手的禁忌有（　　）。

A. 和异性握手用双手，故友重逢、慰问对方只用右手

B. 不用左手握手，握手只用右手

C. 握手时，不能戴帽子、墨镜或手套

D. 可以交叉握手

项目四　学习高素质的沟通

【学习目标】

- 知识目标　初步认识高素质沟通的含义，了解其重要性。
- 能力目标　掌握沟通与素养提高的基本方法、技巧和途径。

【案例导入】

阅读下面两个案例，并根据启发和提示进行分析、思考和讨论。

案例一

> 一个师爷胸无点墨，一心想升官发财，为了巴结上司，特地设了丰盛的酒席，宴请县官。喝酒时，师爷讨好地问："太爷有几位公子？"县官不假思索地说："有犬子二人，你呢？"这可把师爷难住了。他暗暗想："县太爷谦称自己的儿子为'犬子'，我该怎么称呼自己的孩子呢？"寻思了一会儿，只好答道："我只有一个五岁的小王八"。

小思考

笑过之后，你认为这位师爷的问题出在哪里？对照自己平时在与人沟通过程中是否有过类似的经历，也闹过笑话？

案例二

> 小田暑假跟妈妈到海南去旅游。他们游玩了很多地方，但记忆最深的还是海南的植物园，他回来后跟爸爸描述了植物园的绿色，他说："植物园太美了，树叶太绿了，我太喜欢了。"妈妈笑了，说："那个绿呀，好像绿色的墨水瓶倒翻了，到处都是，绿得发亮，绿得出奇，有墨绿、浅绿、嫩绿、翠绿、淡绿、粉绿。所有的绿都挤在一起，重叠在一起，静静地交织在一起。我都醉了。"爸爸拍起了手。

小思考

大家说说爸爸为什么拍手？你认为我们的沟通语言怎样才能达到预想的效果？

【知识链接】

4.1 知识的积累是高素质沟通的前提

从案例一我们可以看到：一个胸无点墨的人当然不能应对如流。在与别人沟通时，只有具有广博的知识，才不至于闹出这样的笑话，才能让沟通得到有效地延续。

从案例二小田妈妈的精彩描述中，大家是否感受到了语言的魅力，是否也和她一起陶醉了呢？小田妈妈的语言魅力是不是来自知识的沉淀呢？语言的魅力就像风度一样，是一个人内在素质的外在体现，要增强自己的语言能力，关键还在于丰富自己的内在学识与修养。

常言道："工欲善其事，必先利其器。"沟通也有一定的素质要求，归纳起来，主要反映在知识能力、思想道德及心理品质等方面。

人们往往喜欢跟那些知识渊博的人交往，因为与他们交流，不但思想上受益匪浅，而且会感到如沐春风、身心愉悦。

学问是一件利器，有了这个宝贝，很多问题都能迎刃而解了。

任务一 感悟知识是核心

知识是沟通的基础，在生活中我们常常会遇到由于一方知识的贫乏而产生类似以下"鸡同鸭讲"的情况。

小故事

> 儿子："爸爸，《史记》这本书讲的是什么？"
> 爸爸："笨蛋，死记就是死记硬背，不会灵活掌握，懂吗！"

以上故事我们看出，知识是彼此交流的基础。因为文化水平的低下，知识储备的贫乏，往往限制了人们的交流与沟通。

一个人只有具备了广博的知识，他的思想才会深邃，沟通才会有力度，真正达到心与心的交流。在一节课上，老师问："雪化了是什么？"班里大多数同学都回答是"水"，只有一个小女孩回答是"春天"。这个"雪化了是春天"的答案的确深深打动了在座的同学和老师。试想一下，在一片积雪之下，春天正在悄悄地孕育萌发，这是多么美妙啊！

一个人只有具备了广博的知识，他的语言才会形象生动，才会达到有效沟

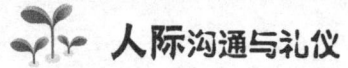

通的目的。

【技能训练】

（1）请你拿一幅图给大家做介绍，充分发挥自己的想象力。尽其所能地把图片的内容和寓意介绍给大家，然后由大家做出评价。

（2）某君以口齿伶俐而见长，有人向他求教有什么诀窍。他回答道："很简单，看他是什么人，就跟他说什么话。例如同屠夫就谈猪肉，对厨师就谈菜肴。"别人又反问他："如果屠夫和厨师都在场，你谈些什么呢？"请大家回答这个人的问题。

任务二　理解学习是支柱

　　知识是沟通的核心，获取知识全靠平时的学习积累。建立起知识宝库，便可达到"胸藏丘壑""口吐莲花"的境界。

　　小田妈妈的语言多么具有感染力呀！语言是沟通的基础，丰富的语言是平时学习积累而成的。现在，我们许多同学很重视英语学习，而忽略了汉语学习，使得有些人不能把自己的思想和观点非常有条理地表达出来，当然也就不能有效沟通了。语言是有技法的，生动形象的语言能使人身临其境。我们经常会听到有人说："他是茶壶煮饺子，有口倒不出。"一个人光有专业知识，但是不能用语言准确、完整地表达，那将会大大破坏沟通的效果。我们要学习语言的修辞方法，学习运用妙趣横生的俗谚俚语，学习运用富有时代特征的术语，从而提高沟通的效果。（后面我们将对此做专门讲解。）

　　沟通是一门博大精深的学问，仅有语言表达能力还远远不够，我们还需要学习沟通的技巧。

　　沟通是信息的传递，我们要及时更新并丰富自己的知识宝库。如今，知识更新的速度越来越快，现有知识每年以10%的速度更新，如果我们不能随时吸取新的知识，很可能会导致沟通受阻。我们要努力学习古今中外的各类知识。

小故事

　　一位姓叶的退休女教师去广州旅游，在火车上与一个时尚女孩邻座，一老一少闲聊起来。问到姓氏，叶老师说自己姓叶。女孩问："是哪个叶？"叶老师举例说："叶挺的叶。"女孩不解，问："叶挺是谁？"叶老师想，叶挺远了点，说个近的，更有名的她准知道，于是又说了"叶剑英"，不料女孩还是摇头。待叶老师写在手心上，女孩才"啊"地一声笑起来，说："原来是叶一茜的叶呀，你早说她我不就知道啦！"叶老师却一脸茫然，寻思："叶一茜是谁？"

由此可见，如果我们不及时充实自己的知识宝库，不仅没法与长者沟通，而且会在日常的工作和生活中闹出笑话。

那我们怎样才能使自己具有渊博的知识呢？学习有两种途径：一是书本；二是实践。

"书本就是成功的秘诀。"卡耐基这样教导我们。对于我们来说，知识主要来自书本，当然不仅仅是教科书，更要博览群书，把别人的知识变成自己的知识，变成自己的创造力。

实践是掌握技能之道。我们经常会遇到这样的情况，当我们因为某一问题准备和父母沟通之前，会先告诫自己：一定要耐心说服父母，无论如何不能和父母争吵，争吵只能使事情走向反面。有时，谈着谈着，"战争"就爆发了，事后自己还莫名其妙："我怎么说着说着就吵起来了呢？"这说明，仅仅掌握沟通的知识还不行，将知识转化为技能还需要在实践中锻炼，通过实践总结经验，掌握沟通之道。

通过学习，可以促进思维提升、发展，开阔眼界、拓展心胸，可使我们思考过去、立足现在、展望未来。只有全面学习、解除疑惑，才能保持清醒的头脑，才能更勇敢地面对人际交往中的种种局面；只有在实践中不断应用所学的沟通知识，不断总结经验，最后才能赢得成功的沟通。

小故事

在一次外交部举行的记者招待会上，周恩来介绍了我国经济建设的成就及对外方针后，回答记者提问。一位西方记者提问道："请问，中国人民银行有多少资金？"这实际上是讥笑我国新中国成立初期的贫穷。周恩来正色作答："中国人民银行货币资金嘛，有18元8角8分。"全场愕然，顿时鸦雀无声。

周恩来以风趣的语调解释说："中国人民银行发行面额为十元、五元、二元、一元、五角、二角、一角、五分、二分、一分的10种主辅币人民币，合计为18元8角8分。中国人民银行是由全中国人民当家作主的金融机构，有全国人民作后盾，信用卓著，实力雄厚。它所发行的货币，是世界上最有信誉的货币之一，在国际上享有盛誉。"周恩来一语惊四座，大厅内顿时响起了热烈的掌声。

小思考

大家想想热烈的掌声从何而来？你认为周总理怎么会有如此敏锐的应变能力？

大家知道周总理还在读私塾时，就以一句"为中华之崛起而读书！"震撼了

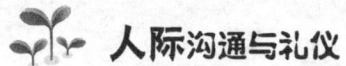

多少中国人的心,而他长期的革命生涯也成就了他的外交能力。

我们应利用各种方法和机会发奋学习,相信今后在与人沟通时就会胸有成竹了。

【技能训练】

(1)选择题。

① 下列句子中的成语使用不恰当的是(　　)。

A. 我有十多年没见到叔叔了。今年,叔叔回家探亲。恰巧我出差,未能谋面,一直心有余悸。

B. 常香玉祖孙俩同演一台戏,珠联璧合,配合得天衣无缝。

C. 年纪轻轻的王刚在学术讨论会上侃侃而谈,与会人员无不折服。

D. 他后期的散文生动活泼,含蓄隽永,达到了炉火纯青的地步。

② 下列句中的习惯用语使用正确的一项是(　　)。

A. 感谢贵方邀请,届时敝人一定光临。

B. 我们一定提供一流的服务,欢迎各位光顾。

C. 你们的服务态度很好,下一次我们一定惠顾。

D. 明天我到贵府拜访,你可要在家恭候哟。

③ 下列句中的礼貌用语使用正确的一项是(　　)。

A. 你和我初中毕业时的合影,我一直惠存着。

B. 您寄来的产品使用说明书,有几处我看不明白,特去信垂询。

C. 承蒙赐教,不胜感谢,谨颂教祺。

D. 王老师,今将我发表的一首拙诗抄送给您,请雅正。

(2)用一两句话说一条新闻,并告诉大家你是从哪里知道的。

(3)向同学介绍一样你十分心爱的物品。课后查查有关资料,再阅读一些类似的文章,试试用华丽的辞藻、优美的语言表达出来。看能否引起同学的共鸣。

(4)背诵李白的《赠汪伦》,体会一下诗中的意境。

【我思我悟】 我的收获与感悟:＿＿＿＿＿＿＿＿＿＿＿＿＿

【画龙点睛】 知识就是力量。

4.2　学习语言艺术

语言魅力体现了一个人的人格魅力,是一个人性格、气质、能力等方面个性化的表现。其表现形式是多种多样的：或达观开朗、宽容忍让、微言大义；或义正词严、一言九鼎、仪态万方，使听者于捧腹间顿觉心胸敞亮；或于咀嚼时方知春秋伯仲，从而赢得听者的信赖与折服。如何在谈话中展现你的语言魅力将是本节介绍的重点。

小故事

> 有一个理发师傅带了个徒弟，徒弟今天正式艺满上岗。
> 第一位顾客风尘仆仆而来，师傅让徒弟给他理发，徒弟看到师傅满含慈爱的目光，鼓起勇气开始给顾客理发。理完发，客人对着镜子仔细看了看说："唉，太短了！"徒弟无言以对，师傅忙上前说："先生，短了，让您显得精神，看上去更亲切。"客人含笑而去。
> 第二位顾客来到店里，师傅又让徒弟给客人理发，徒弟忙上前。理完发，客人看看表说："真慢，一个头理了将近半个小时。"徒弟低下头，师傅忙笑道："为'首脑'服务，本店不惜劳苦，甘愿奉献。俗话说'进门苍头秀士，出门白面书生'，您看起来又年轻了几岁。"客人微笑而去。
> 晚上打烊，徒弟怯怯地走上去问师傅："师傅，您为什么处处帮我说话，而我却为何没有一次做对呢？"师傅慈爱地抚摸着徒弟的头笑道："孩子，世上的事，从来就没有一个绝对的答案，有对也必然有错，有好就有坏，每一个人对同一事物的看法不同，答案也不同。至于我替你说话，是希望让你认识到自己不足的同时，也得到鼓励，把技艺练得更熟。"
> 几年以后，徒弟的技艺越发纯熟，每一个顾客都满意而归。

任务一　善用语言艺术

小故事

> 有一次，一位女士怒气冲冲地走进食品商店，向营业员喝道："我儿子在你们这儿称的果酱，为什么缺斤少两？"营业员一愣，待她估计原因之后，就有礼貌地回答："请您回去称称您的孩子。"这位妈妈恍然大悟，脸上怒气全消，心平气和地对营业员说："噢，对不起，这是个误会。"

小思考

你遇到这种情况，会有何妙招？这位营业员的话为什么会让女士的怒气全消了？

语言艺术其实也是一种智力体现，它能化解对方心中的怒火，能消除尴尬的

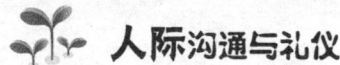

局面，消除矛盾，挽回不利的局面。幽默风趣的语言是一个人广受欢迎的保证，委婉含蓄是语言艺术的最高境界。

世界上许多东西都是可以买到的，唯独经验只有自己去总结、体会。在语言与语言的交流之中，在心与心的碰撞之间，都能反映出与人沟通的艺术修为。

此外，我们还要注意语言的发送艺术，也称为口语发送能力，即说话时对语言的速度节奏、声音的高低轻重、语流的顿挫断连的控制和变化能力。如果一个人发音洪亮悦耳、字正腔圆，而且还能随着交际的内容、场景、双方关系的不同，有高低抑扬、快慢急缓、强弱轻重、明暗虚实等多种变化，就能赋予其声音强烈的韵律和迷人的艺术魅力。

一个人怎样提高口语发送能力呢？首先，要发音准确，吐字清楚。其次，要掌握声调和语调的变化，声调即单个汉字的调子，语调即贯穿整个句子的调子，两者决定了声音的高低抑扬。最后，注意语言的速度节奏。速度节奏的控制和变化一般是通过音调的轻重强弱、吐字的快慢断连、重音的各种切换，以及长短句式、整散句式、紧松句式的不断配合才能实现。掌握这些规律，即能做到快慢适中，快而不乱，慢而不断，增强语言形象的美感。

【技能训练】

（1）请大家将"你干得不错"这句话①用陈述句式，说成降调；②用带有肯定、鼓励的语气说成升调；③用疑问句式，带有不信任、讽刺的意味分别表达出来。看看结果相同吗？

（2）母亲对孩子说："为什么你从来不做完作业再看电视？"

另一位母亲对孩子说："我想你常常在作业没做完时就看电视。"

大家演演看，你对这两位母亲的话有何不同的反应？为什么？

"自由沟通，精彩无限"，只要你善用语言艺术，你的沟通就充满色彩！

任务二　勤奋练习让你妙语连珠

口才并不是一种天赋的才能，它也是靠刻苦训练得来的。在古今中外历史上，那些口若悬河、能言善辩的演讲家、雄辩家无一不是靠刻苦训练而获得成功的。

如果说一个人口才的高低有其不可企及的先天原因，那么更多的还是需要后天的不断努力，在卡耐基看来，实力是可以培养的。

怎样进行口才培养呢？其中一个重要途径就是不断学习、积累。在学习的过程中，采取"拿来主义"的态度，剔除糟粕，吸取精华，不断提升自己。

学习的方式也很多，有书面的、口头的，有理论学习、实际考察等。

小故事

（1）美国总统林肯为了锻炼口才，徒步三十英里，到一个法院去听律师们的辩护，看他们如何辩论、做手势，做到一边倾听，一边模仿。当他听到那些云游八方的福音传教士挥舞手臂、声震长空的布道后，回来也学着他们的样子进行练习。他还曾对着树木、树桩和成行的玉米练习口才。

（2）我国无产阶级革命家、演讲家肖楚女，也是靠平时的艰苦训练，才练就了非凡的口才。肖楚女在重庆国立第二女子师范教书时，除了认真备课外，他每天天一亮就跑到学校后山上，找一处僻静的地方，把一面镜子挂在树枝上，对着镜子开始练演讲，从镜子中观察自己的表情和动作。经过这样的刻苦训练，他不但掌握了高超的演讲艺术，教学水平也很快得到了提高。1926年，年方三十的肖楚女，就在毛泽东同志主办的广州农民运动讲习所工作，他的演讲至今仍受到世人的推崇。

（3）我国著名的数学家华罗庚，不仅有着超群的数学才华，而且是一位不可多得的"辩才"。他从小就注意培养自己的口才，学习规范的普通话，他还通过背诵唐诗来锻炼自己的"口舌"。

这些伟人为我们训练口才树立了榜样，我们要想练就一副好口才，就必须像他们那样，一丝不苟，刻苦训练。正如华罗庚先生在总结自己练口才的体会时说："勤能补拙是良训，一分辛苦一分才。"

练口才不仅要刻苦，还要掌握一定的方法。科学的方法可以使你事半功倍。当然，根据每个人学识、环境、年龄等的不同，练口才的方法也会有所差异，但只要选择最适合自己的方法，加上持之以恒的刻苦训练，那么你就会在通向口才家的道路上迅速成长起来。

【技能训练】

（1）有一位同学这次期末考试考得十分糟糕，他情绪十分低落，请大家引经据典来安慰这位同学，让他振作起来。

（2）朗读古诗（选择一两首古诗，注意音调和表情）。

【画龙点睛】

语言艺术来源于你的经验累积。

4.3 培养良好的修养

在日常生活中，我们能很容易看出身边谁"有魅力"，谁"没有魅力"。因为有魅力的人似乎总有一种特别的力量，会感染着你，吸引着你，使你羡慕，想要模仿。

人格魅力是指一个人具有的声望和感染力，其来源于一个人高尚的品格和道德。一位德国的哲学家说过："人格的魅力价值来自于他个人所具备的优秀品质。"谦恭的态度、文明礼貌的语言、优雅得体的举止等方面所表现出来的，是人内在的文化修养、道德品质、精神气质、思想境界等。没有内在的修养，外在的形式就失去了根基。亚里士多德曾经说过："美是一种善。"只有具有高尚道德情操的人，才具有真正吸引人的魅力。

小故事

一天，一对衣着朴素的老夫妇来到哈佛大学校长办公室，在门外他们被秘书拦住了，等了几个小时后，才被允许见校长几分钟。

老妇人说："我们的儿子曾经在哈佛上学，但是他在外地死了，我们想在校园里为他留点纪念物……"

"对不起，我无法满足你们的要求，如果每一个在哈佛上过学的人去世之后都要在校园里留下纪念物，那校园不就成了墓园了吗？"校长立即打断他们的话，因为他见到老夫妇一副刚从乡下过来的平民模样，便没了谈话兴致，想尽快打发他们。

老夫妇忙着解释："不，我们的意思是捐建一座大楼。"校长不屑地望着夫妇俩，冷笑着说："你们知道捐一座大楼要多少钱吗？"他俩摇摇头。校长倨傲地说："至少要750万美元。"老夫妇听完，不言语了。

过了一会儿，这对老年夫妻说："这笔耗费不是可以另开一所大学吗？我们何不建造一座自己的学校呢？"校长听了，以为他们在痴人说梦呢。

老夫妇起身离开了，不久，他们在加利福尼亚州建立了以自己姓氏命名的大学——斯坦福大学。

俗话说，瞧不起别人就是瞧不起自己。这位校长自恃身份高贵而鄙视平民打扮的斯坦福夫妇，一开始就以一种偏见和傲慢的态度，很不耐烦地与老夫妇谈话，他这一主动切断沟通的举动，也打消了斯坦福夫妇原本想给哈佛大学一笔无偿巨额捐款的念头。

任务一　养成良好的礼仪修养

礼仪修养主要是指人们为了达到一定的社交目的，按照一定的礼仪规范要求，并结合自己的实际情况，在礼仪品质、意识等方面所进行的自我锻炼和自我改造。

良好的礼仪修养，可以使人们的行为逐渐符合礼仪的原则和规范，引导交往活动趋于和谐美好。自私自利、心胸狭窄、谈吐粗俗、举止放荡等，是无交往可言的。相反，宽以待人、严以律己、豁达大度、恭敬谦让等，却可以促使交往的成功。而这种良好礼仪行为的养成，必须借助于人们的礼仪修养。

中华民族素有"礼仪之邦"的美誉。中国礼仪教育的开山鼻祖孔子认为：礼仪是一个人修身养性、持家立业、治国平天下的基础。可见礼仪的重要性。秦末的楚汉之争，汉王刘邦以无教、不义、无信的小人形象而取得天下，因此，被世人蔑之为"天下无英雄遂使庶子成名"；而楚王项羽则以有教、有信、重情、豪迈的英雄形象虽败死乌江，却赢得天下人的尊敬和赞美。就今天而言，有些人不尊重劳动人民，而只是看重衣冠；不论品质，而只认金钱，这些都是缺乏礼仪修养的表现。

礼仪作为一种行为准则和规范，是道德的重要内容之一。贝多芬说过："把'德性'教给你们的孩子，使人幸福的是德性而非金钱。这是我的经验之谈。在患难中支持我的是道德，使我不曾自杀的，除了艺术以外也是道德。"

一个有道德的人，往往是一个知礼、守礼、行礼的人，时时会按照一定的礼仪规范行事。**其基本的礼仪原则**：一是敬人的原则，这是最基本的原则，尊敬他人可以体现一个人良好的礼仪修养；二是自律的原则，就是在交往过程中要克己、慎重、积极主动、礼貌待人、表里如一、自我约束，不能妄自尊大、口是心非；三是适度的原则，适度得体、掌握分寸；四是真诚的原则，诚心诚意、以诚待人，不逢场作戏、言行不一。

礼仪修养是一个从认识到实践的不断反复的过程，要使自己成为一个知礼、守礼、行礼的人，必须把对礼仪的认识运用到实践中去，化为实际的礼仪行动后才能不断提高。大家在学习的过程中，要把陶冶情操与养成良好的行为习惯有机地结合起来，立志成为内在修养良好、外在形象优雅的一代新人。

小思考

你怎么理解知礼、守礼、行礼？

【技能训练】

朋友面临困境，你将怎么办？朋友事业受挫，你又将怎么办？

任务二　善用博爱之心

用博爱之心去对待这个世界所有的人，这可能就是做人的最高境界了，这也是人格魅力的一大源泉。"爱人者，人恒爱之，"这种魅力与天赋的能力无关，是人人都能够获得的。

小故事

某日，三位鹤发童颜的老人来到一家农院歇脚，三人中，一个是"财富"，一个是"成功"，一个是"爱"。主妇邀他们进屋，三位老者笑呵呵地感谢她，身子却没动，女人不解，三个老人说："我们不能同时进屋呀，不过，你可以去跟你的家人商量，看你们最需要我们中的哪一个。"妇人进屋把老人的话说了，丈夫惊喜道："既然如此，先进'财富'老人吧，让我们的屋里装满财富！"妇人说："我们请'成功'老人吧，做一切事情都成功，那多好！"这时儿媳插嘴说："我们还是邀请'爱'老人吧，让我们的家时时处处充满爱。"大家听了儿媳的话，邀请那位叫"爱"的老人进屋，谁知"爱"老人一起身，"成功"和"财富"老人也都跟进来，妇人感到惊讶，三个老人乐了："哪里有爱，哪里就有财富和成功！"

小思考

你怎么理解最后一句话的含义？你在生活中有这种体会吗？

俗话说"商场如战场"，甚至还有人感叹"生意场上无父子"。展现在世人面前的商海，似乎只有冷酷无情的尔虞我诈、你死我活、虚伪狡猾。然而，事实并不尽然。

小故事

一天下午，一个挂着拐杖的老人摇摇晃晃地走进了日本信业银行旋转大门。他一身酒气、衣冠不整，跌跌撞撞地来到储蓄部，喊着要取5万日元现金。

就在老人喉咙里发出"呃呃呃"的响声，大口吐出气味难闻的秽物时，储蓄部的职员雅子疾步趋前，扶着他坐到了边上的沙发里。雅子从口袋里掏出一条手绢，轻拭老人的嘴角，而后又抹去他西装胸前的污渍。随后，雅子端来一盘切削成小片的苹果，热情地说："先生，谢谢您的光临。请先尝尝水果，压压惊。"

老人一声不吭，一边不停地把小片的苹果放入口中，细细地咀嚼，一边看着雅子清洗地面，更换地毯。一会儿，雅子又给他送来了一杯香气扑鼻的茉莉花茶。喝完茶，老人扶着手杖，颤颤巍巍地站起来，再也没有提取款的事，便径直朝大门走去。雅子赶过去扶着他，亲切道别。老人的酒意似乎尚未醒过来，自顾自地一走了之，连一声"谢谢"也没有说。

第二天下午，一位中年男子来到银行，要求见行长，说是有要事相商。半个小时后，他从贵宾接待室出来，立即找到雅子，向她鞠躬致意，表示感谢。雅子连连还礼，说是自己分内的事。

第三天，报纸上刊登的头条新闻引人注目——"日本百大富商之一、举止怪异、深居简出的房地产巨贾山村，昨晚委派秘书从某家银行取兑几近天文数字的巨款，转存到信业银行……"消息传出，全城轰动。日本信业银行的储蓄额一直徘徊不前，无法与大银行抗衡，长期处于倒闭和被吞并的危险之中。而现在，它在市民中的知名度直线上升，变得门庭若市，储户络绎不绝。一个月后，这家原来名不见经传的银行便跻身大银行之列。雅子因此获奖励1000万日元，并被提拔为副行长，月薪晋升三级。

日本信业银行之所以能摆脱困境，全仰仗于雅子这种充满爱心、服务热情的高素质员工。表面看来，一切都平淡无奇，其实这就是爱心蕴藏的力量，是爱的意外收获。

高尚的情操来源于宽广的胸怀：人类情操、品位的高低与胸怀的宽广成正比。从人的发展而言，心胸宽广，体现了一种人生的价值，体现了一种生活方式、生活情调，体现了生活的意义，也体现了人的社会责任。

任务三　做诚信的人

除了博爱之心外，在今天的社会中，人格魅力的另一个主要来源是诚信。诚信可谓是一个人的立身基础。信赖是人际交往最基本的前提。没有诚信，一切交往就如空中楼阁，无法支撑维系。中国有关诚信的古训很多："人无信不立""言必信，行必果"等。诚信，首先必须"以诚待人""将心比心"。只有真情才具有感人的力量。弄虚作假只会让一个人的信誉彻底丧失。因此，讲诚信就必须摒弃虚假。不论是做学问还是做生意，都不能弄虚作假，不能为了一时的利益而违背诚信。

中国科技大学校长朱清时院士在给大学生做演讲时特别强调了这点。他说："人要创造机遇，要得到原本不属于自己的机遇，重要

一点就是做人要诚实守信。现在有好多年轻人，为了短期利益和短期行为就做假，考试作弊、说假话，就是不诚信，最终结果还是害了自己。中国社会正在走向现代化，特别是市场经济，中间的最重要素质就是诚信。一个不诚信的人或一个诚信记录不好的人，社会是不接受的。"

小故事

　　某天，一个顾客走进一家汽车维修店，自称是某运输公司的汽车司机。"在我的账单上多写点零件，我回公司报销后，有你一份好处。"他对店主说。但店主拒绝了这样的要求。顾客纠缠说："我的生意不算小，会常来的，你肯定能赚很多钱！"店主告诉他，这事无论如何也不会做。顾客气急败坏地嚷道："谁都会这么干的，我看你是太傻了。"店主火了，他要那个顾客马上离开，到别处谈这种生意去。这时，顾客露出微笑并满怀敬佩地握住店主的手："我就是那家运输公司的老板，我一直在寻找一个固定的、信得过的维修店，你还让我到哪里去谈这笔生意呢？"

　　面对诱惑，不怦然心动，不为其所惑，虽平淡如行云，质朴如流水，却让人领略到一种山高海深。这是一种闪光的品格——诚信。

小故事

　　一个贤明的国王要从他的孩子当中选出一个优秀的人才，培养成未来的一国之主。他给每个孩子发了一些种子，并宣布谁能培育出最美丽的花朵谁就是未来的国王。得到种子后，孩子们都精心照料自己的种子，希望能得到最好的回报。有一个小王子也尽心尽为地培育那颗种子，早晚浇水、施肥，但是，花盆里的种子依然没有动静。小王子觉得很沮丧。比赛的日子到了，孩子们捧着自己栽种的花朵等待着国王的挑选。国王面对一朵朵争奇斗艳的鲜花，始终没有一丝笑容。直到看到捧着空花盆的小王子，国王才露出欣慰的微笑并宣布小王子赢得了这场比赛。原来，国王发下去的种子全部都是煮熟的，根本不可能发芽开花。

小思考

　　小王子为什么赢得了国王的青睐？在现实生活中，你是否也认为这样做是傻子？

【技能训练】

　　（1）下着倾盆大雨的某一天，某公司的一位快递员接受了递送一份快递包裹的任务，他必须在公司承诺的时限内将包裹递送到客户手中。当快递员驱车100多千米赶到客户住所附近时，一条大河横在他面前。河上的桥梁已经被洪水冲毁，而距离最近的桥远在150千米之外，这时已经临近承诺客户的送达时间，快递员必须做出抉择。

一部手机、一些食物、一张透支额度5000元人民币的信用卡，快递员只能利用这些随身携带的物品完成任务。坐船渡河？附近没有船，而且水流湍急，河面太宽，游泳渡河更是不可能的。用手机向总部求助？总部的主管们也不会有什么太好的办法。赶到150千米之外的桥梁？也许那里的桥也被冲毁了。而且时间已经来不及了。原地返回，明天再说？公司对客户的承诺将一钱不值。

同学们，如果你是这位快递员将如何做，为什么？

（2）你知道成语"一言九鼎"的来历吗？它说明了什么？

【我思我悟】 我的收获与感悟：＿＿＿＿＿＿＿＿＿＿＿＿＿＿＿＿

【画龙点睛】 良好的礼仪修养，博爱之心，诚信做人是高尚情操的体现，是有效沟通的必备素质。

4.4 训练良好的心理素质

在当今世界，良好的心理素质被视作成功的重要因素，也是有效沟通的必备条件。所谓心理素质，是指一个人的心理诸要素及其发展水平，主要包括性格、兴趣、动机、意志等内容。它对人们特别是青少年的整体素质具有直接的影响，并制约着个人能力和才能的发挥。良好的心理素质应具备稳定向上的情感力量、坚强恒久的意志力量、鲜明独特的人格力量。

任务一 稳定向上的情感力量是有效沟通的前提

稳定向上的情感力量是指一个人心理健康，能保持心态平和、情绪稳定、乐观向上的精神状态。通常用情感智力即情商来衡量，即指人们对自己情绪、情感的更高认识、理解和利用。作为新时代的接班人，我们必须具备良好的、稳定向上的情感智力，才能获得积极进取的动力源泉。

具有易怒型情感智力的人，其人际关系将会十分紧张，没有人愿意整天与情绪失控的人交往。那怎样才能排解不利的情感因素，培养自己具有稳定向上的情感力量呢？这里介绍几种常见方法。

1. 情境转移法

当愤怒陡出时，一般有五种处理怒气的方法：

一是把怒气压至心里，生闷气；

二是把怒气发到自己身上，进行自我惩罚；

三是无意识地报复发泄；

四是发脾气，用很强烈的形式发泄怒气；

五是转移注意力以抵消怒气。

其中，转移注意力是最积极的处理方法。

火气上来的时候，对那些看不惯的人和事往往越看越生气、越看越恼火，此时不妨来个"三十六计走为上策"。迅速离开使你发怒的场合，最好能和谈得来的朋友一起听听音乐、散散步，你也会渐渐地平静下来。

2. 理智控制法

当你在动怒时，最好让理智先行一步，你可以自我暗示，口中默念："别生气，这不值得发火。""发火是愚蠢的，解决不了任何问题。"也可以在即将发火的一刻对自己下命令：不要发火！坚持一分钟！一分钟坚持住了，好样的，再坚持一分钟！两分钟坚持住了，我开始能控制自己了，不妨再坚持一分钟。三分钟都坚持过去了，为什么不再坚持下去呢？所以，要用你的理智战胜情感。

3. 评价推迟法

怒气来自对刺激的评价，也许是别人的一个眼神，也许是别人的一句讥讽，甚至可能是对别人的一个误解。这事在当时使你"怒不可遏"，可是如果过一个小时、一个星期甚至一个月之后再评论，你或许认为当时的发怒很不值得。

4. 目标升华法

怒气是一种强大的心理能量，用之不当，伤人害己；使之升华，会变为成就事业的强大动力。要培养远大的生活目标，改变为眼前区区小事计较得失的习惯，更多地从大局、从长远去考虑一切。一个人只有确立了远大的人生理想，才能待人宽容，有较大度量，也不会容忍自己的精力浪费在微不足道的小事上，而妨碍对理想的追求。

培养稳定向上的情感力量还有一个核心问题，那就是要树立自信心。自信心是人生重要的精神支柱，是人们行为的内在动力。在人际交往中，有自信心的人能够充分发挥长处，坦然自若，落落大方，以积极的姿态处理可能产生的各种人际矛盾。即使在自己处于不利境遇时，也能进行积极的自我暗示、自我鼓励，从而保持心理平衡，变不利为有利，达到自我激励的效果。

在平时的生活中，有许多人会对自己做出一系列不利的推想，结果真的把自己置于不利的境地。在做一件事前，如果先在心中对自己说：可能不行吧，万一……会怎么样。结果可能还没去做，就已经没有信心了，而事情十有八九也会朝着不利方向发展。

小故事

> 一天晚上，在漆黑偏僻的公路上，一个年轻人的汽车抛了锚，汽车轮胎爆炸了。年轻人下来翻遍了工具箱，也没有找到千斤顶。怎么办？这条路半天都不会有车子经过，他远远望见一座亮灯的房子，决定去那户人家借千斤顶。
>
> 一路上，年轻人不停地在想："要是没有人来开门怎么办？""要是没有千斤顶怎么办？""要是那家伙有千斤顶，却不肯借给我，那该怎么办？"……
>
> 顺着这种思路想下去，他越想越生气。当他走到那间房子前，敲开门，主人刚出来，他冲着人家劈头就是一句："哼，你那千斤顶有什么稀罕的。"
>
> 弄得主人丈二和尚摸不着头脑，以为来的是个精神病人，"砰"的一声就把门给关上了。

小思考

大家认为这个年轻人是否具备稳定向上的情感力量？你认为主要问题出在哪里？换个角度对自己进行激励，看看结果如何？

培养稳定向上的情感力量还必须具有自我激励的能力，永远保持积极向上的心态。

小故事

> 有个非常著名的推销故事：两个美国推销员受命向非洲土人推销鞋子，在考察了市场后，公司的一个推销员回来向公司报告说，当地人一年四季光着脚不穿鞋子，因此鞋子在当地没有市场；可另一个推销员却抱着另外一种想法，他回来向公司汇报，说当地人虽然不穿鞋子，可如果向他们说明穿鞋子的好处，并加以演示、试穿，说不定鞋子的市场前景广阔，潜力巨大。

可见，同一件事情，不同的眼光，不同的心态，其结果就会大相径庭。学会自我激励，应当不断充实积极的人生态度。自我激励即应树立目标、排除干扰，并努力去实现它。

任务二 坚强恒久的意志力量成就沟通的成功

意志是人们自觉地确定目的，支配并调整自己的行动去克服各种困难，从而达到预期目的的心理活动。意志是与克服困难相联系的概念。意志品质是衡量意志健全、意志力量的主要依据。人的意志品质主要包括人的意志自觉性、意志果断性、意志坚持性和意志自制力。

小故事

  有个年轻人十分向往微软公司，一心想去那里工作。经过一段时间的学习，他决定去试一试，而该公司并没有刊登过招聘广告。见总经理疑惑不解，年轻人用不太娴熟的英语解释说自己是碰巧路过这里，就贸然进来了。总经理感觉很新鲜，破例让他一试。面试的结果出人意料，年轻人表现糟糕。他对总经理的解释是事先没有准备，总经理以为他不过是找个托词下台阶，就随口应道："等你准备好了再来试吧。"

  一周后，年轻人再次走进微软公司的大门，这次他依然没有成功。但比起第一次，他的表现要好得多。而总经理给他的回答仍然同上次一样："等你准备好了再来试。"就这样，这个青年先后五次踏进微软公司的大门，最终被公司录用，成为了公司的重点培养对象。

  什么东西比石头软，却能穿透石头？答案是水，软水穿透了硬石，靠的就是坚持不懈。也许我们的人生旅途上沼泽遍布，荆棘丛生；也许我们追求的风景总是山重水复，不见柳暗花明。那么，我们为什么不可以以勇敢者的气魄，坚定而自信地对自己说一声"再试一次"呢？

  意志自觉性是人对自己的行动目的有着正确而又充分的认识。能主动支配自己的行动，以达到预期的目的。与之相反的是盲目性。

  意志果断性是指人们善于明辨是非，把深谋远虑和当机立断结合起来，及时地做出决定并执行决定。它以正确和勇敢的行动为特征，与之相反的是优柔寡断与草率行事。

  意志坚持性是指一个人能长时间专注和控制行动去符合既定目的而表现出来个性坚强的毅力。与此相反的是意志薄弱、浅尝辄止、半途而废。

  意志自制力是指一个人在行动中善于控制自己的情绪，约束自己的言行。与此相反是感情冲动、意气用事。

  富兰克林说："成功属于那些不屈不挠的人。"遇到挫折，我们不能悲观失望，不能丧失斗志，我们要知道前进中的曲折性。不经历风雨，怎能见彩虹？

小故事

  有一个国王被仇敌追杀，战败而逃，不得已躲在一间破屋里。他在那里独自生活了很长时间，万念俱灰，不知所措。在他觉得自己已经失去力量和勇气时，发现一只蚂蚁正背着一颗比它身体大数倍的麦粒，奋勇地往墙上拖，但是却一再地摔下来。那个国王默默地数着它掉下来的次数，一次又一次，蚂蚁持续地努力，在第70次时，它终于爬上了墙头。国王顿时精神大为振奋，小小的蚂蚁都有坚持到底的信心，更何况人呢！他继续不懈地努力，终于恢复了往昔的荣耀。

我们面对的世界是一个充满挑战的世界。21世纪是一个信息的时代，是一个竞争更加激烈的时代，我们将面临高新科学技术发展的严峻挑战，各种竞争更加剧烈的挑战，因此，克服困难，迎接挑战，除此之外我们别无选择。

在人际沟通中我们经常面临各种各样的困难，只要我们勇敢面对，就会实现最终的目标。

你观察过一个正在凿石的石匠吗？他在石块的同一位置上恐怕已敲过了上百次，却丝毫没有什么改变，但是就在敲那第101次的时候，石头突然裂成了两块。使石头裂开的并不只是这第101下，还有先前敲的100下。

【技能训练】

你在人际沟通时遇到困难怎么办？

记住：坚持到最后一分钟最重要。

任务三　鲜明独特的人格力量是沟通成功的基石

人的人格力量主要是指一个人表现在外的形象力量。它主要指人的品行素质、思维素质和行为素质。

品行素质是人们的道德品性、行为修养素质。它具体表现为个体道德行为的完整性、时代性、自律性与个体道德行为的个性化。

小故事

成功学家拿破仑·希尔先生应邀到一所学院讲学，受到了从未有过的热烈欢迎。他说不枉此行，因此婉言谢绝了校方付给他的一百美元报酬。

第二天早晨，那所学院的院长对学生们动情地说："在我主持这所学院的20年间我曾经邀请过几十位知名人士前来向学生们发表演说。但是，这是我第一次遇到有人拒绝接受他的演讲酬金，因为，他认为自己已在其他方面有所收获，足以抵得上他的演讲酬金。这位先生是一家全国性杂志的总编辑。因此我建议你们每个人都去订阅他的杂志。因为像他这样的人一定拥有许多美德及能力，是你们将来离开学校踏上社会必定用得到的。"

不久，拿破仑·希尔任主编的《希尔的黄金定律》杂志社收到了这些学生6000多美元的订阅费。在以后的两年中，这所学院的学生和他们的朋友一共订阅了总价50000多美元的杂志。

小思考

拿破仑·希尔先生得到了什么？为什么？

鲜明的人格力量给拿破仑·希尔先生带来了成功的契机。人们信赖人格高尚的人，愿意与这种人交往。鲜明独特的人格力量来源于个体的思想素质。

个体的思想素质是指个体产生的对内在、外在事物的想象能力，个体的思维素质是指个体对自我思想的排列、组合、归纳能力。人有思想是人区别于动物而又高于动物的本质体现。人有思想是人们寻求出路、追求成功的一个根本前提。

思想和思维也是个体最主要的表现因素。只有有思想的人才能显示出其个性，也才符合素质教育尊重个性、崇尚个性发展的要求。一个没有较强形象思维的人是很难有大成就的。

鲜明的人格力量还来源于人的行为品质。行为品质主要是指一个人的交往能力、对挫折的抗负水平和创新能力。

个体的交际能力主要如下。

① 认知能力：这是个体认识事物、分析事物的能力。只有明确地认识分析事物，才能用恰如其分的符号表达它们，这是人际交往的前提。

② 扮演能力：能把自己理解的事物传给别人，同时也能客观地扮演他人的角色。只有这样，个体间才能互相理解，达到沟通。

③ 决策能力：在想象中进行行为预演，能够控制不适当的行为路线，并选择一条可以公开采纳的合适的行动途径。

④ 协调能力：人际关系是一个系统网络，各个关系之间具有互动关系，一方的吸引或排斥过度会影响其他各方面的吸引或排斥。个体要妥善协调各对关系，使各种关系之间能保持一定的平衡，平衡打破后，应该是正向的发展达到新的平衡，而不应反向发展。

抱负水平受以下因素影响。

① 个人的成就动机，成就动机越强，则自我的期望水平就越高。

② 过去的成功经验，一帆风顺的人期望水平高。

③ 目标的实现可能性，目标实现的可能性越大，个体的期望水平就越高。

④ 个体期望水平还受外部环境条件的影响，如社会、个体所处集体与个体有关的他人的期望和要求的影响。

个体的挫折容忍力是人们对挫折状态的容忍能力。

挫折容忍力受以下因素的影响。

① 生活经历，有处理挫折经验的人比缺乏挫折经验的人更能忍受挫折。

② 挫折准备，对挫折有思想准备的人比毫无挫折防备的人更能忍受挫折。

③ 个性素质，意志坚强者比意志薄弱者更能承受挫折。

④ 挫折感知，同一挫折情景因当事人的主观感知不同，而具有不同的心理感受。

⑤ 个体价值观，价值观越强的人对挫折的容忍力就越强。

小故事

> 佛陀在旅途中，碰到一个不喜欢他的人。连续好几天，好长一段路，那人用尽各种方法诬蔑他。最后，佛陀转身问那人："若有人送你一份礼物，但你拒绝接受，那么这份礼物属于谁呢？"那人回答："属于原本送礼的那个人。"佛陀笑着说："没错。若我不接受你的谩骂，那你就是在骂自己。"那人摸摸鼻子走了。

小思考

你应当以怎样的心态去面对挫折？

只要心灵健康，别人怎么想都影响不了我们。若我们一味地在乎别人的想法或说法，就会失去自主权。

人的创新品质是指人的创新意识、创新精神、创新行为。它来源于人的思想和思维，没有积极生动的思想就不可能有创造性思维，也就不可能有创新能力。创新能力是一个人综合实力的度量标准。

小故事

> 有一家已经营多年的酒店，由于电梯不够用了，打算增设一部。于是酒店请来了建筑师和工程师研究如何增设新电梯。专家们一致认为，最好的办法是每层楼打个大洞，直接安装新电梯。方案定下来之后，两位专家坐在酒店前厅商谈工程计划。他们的谈话被一位正在扫地的清洁工听到了。清洁工对他们说："每层楼都打个大洞，肯定会尘土飞扬，弄得乱七八糟。"工程师瞥了一眼说："那是难免的。"清洁工又说："我看，动工时最好把酒店关闭些日子。"工程师说："那可不行，关门一段时间，别人还以为酒店倒闭了呢。再说，那也影响收益呀。""我要是你们，"清洁工不经意地说，"我就会把电梯装在楼的外面。"工程师和建筑师听了这话，相视片刻，不约而同地为清洁工的这一想法叫绝。于是，便有了近代建筑史上的伟大变革——把电梯装在楼外。

一个人的品行素质、思维素质和行为素质形成了一个人的个性。鲜明、独特的个性容易给人以深刻的印象，在人际交往中这种人更容易被别人接受。

小思考

大家想想清洁工为什么能够说服工程师采用他的解决办法？

**【技能训练】**

想想最近什么事最让你不开心？然后想办法让自己想起这件事变得坦然面对，以此训练自己调节情绪的能力。

【我思我悟】 我的收获与感悟：＿＿＿＿＿＿＿＿＿＿＿＿＿＿＿＿＿＿＿＿

【画龙点睛】 良好的心理素质是有效沟通的基础，也是成功的重要因素。

**【学习回顾】**

一个人要拥有卓越的沟通能力，首先必须具备的素质如下。

（1）胸无点墨怎能谈吐不凡，知识是核心，学习是支柱。

（2）沟通的魅力是一个人内在素质的外在体现，要增强自己沟通的魅力，关键还在于丰富自己的内在学识与修养。语言魅力体现了一个人的人格魅力，善用语言艺术，勤奋练习是途径。

（3）人格的魅力价值还来自于个人所具备的优秀品质，只有具有高尚道德情操的人，才具有真正吸引人的魅力。

（4）当今良好的心理素质已被列为成功的重要因素，也是有效沟通的必备条件。一个人只有具备稳定向上的情感力量、坚强恒久的意志，才能达到有效沟通的佳境。

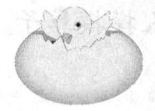**【思考与体验】**

先检查一下，你是否具有以下性格特点。

（1）发火就骂人、砸东西，甚至打人。

（2）情绪反应十分简单，缺乏幽默感，不会开玩笑，对于满意的事沉默不语，对不满意的事常会通过吵架、发脾气等方式解决。

（3）面对生活中的挫折，心理防御的方式只有一种，就是发泄。

（4）对很小的事也沉不住气。

（5）火爆脾气一点就着，什么事都干得出来，当时不能自控，事后又特别后悔。

（6）听不进任何人的劝说，尤其在情绪激动的时候。

这些是易怒者的典型特征。

你认为易怒型的人情感智力怎么样？在人际交往中你喜欢这种人吗？如果你有时也有这种情感表现，你如何排解？

测测你的自信水平。

（1）当你经过陈列窗或镜子的时候，你喜欢停留一下，照照自己吗？

  A．经常   B．偶尔 C．很少

（2）由于你的过失而产生了不愉快的场面或难题的时候，你会怎么办？

  A．为了使自己不受责备，想出一套似是而非的托词

  B．承担起应负的责任，尽力而为处理善后问题

  C．尝试改善事态，并寻求对自己有利的解释

（3）对自己不熟悉和不擅长的事，你能大胆愉快地接触它吗？

  A．很难   B．偶尔 C．没问题

（4）自己的家庭和生活，需要和周围的人保持相同的水平。你认为这个见解如何？

  A．完全正确 B．有点正确 C．不对

项目五　做一个受欢迎的人

【学习目标】

- 知识目标　初步感悟认识自我，了解认识自我的重要性。
- 能力目标　掌握与人相处的基本方法、技巧，让自己更受欢迎。

【案例导入】

阅读下面两个案例，并根据启发和提示进行分析、思考和讨论。

案例一

> 小毛驴和小猴共同生活在一个主人家。一天，小猴玩得兴起，就爬到了主人家的房顶，上蹿下跳的，主人一个劲地夸小猴灵巧。为了得到主人的夸奖，小毛驴也爬到了房顶，费了好大劲，却把主人的瓦给踩坏了。主人见状，便大声赶它下来，还打了它一顿。小毛驴感到很委屈：为什么小猴能上房，而且还能得到夸奖，而我却不能呢？

小思考

你认为小毛驴的问题出在哪里呢？

案例二

> 有一位同学，面对其他同学的虚心请教，经常敷衍了事，结果使得自己的人缘越来越差。一次作文课上，老师叫同学们自愿结成小组，互相交流，结果班里没有人愿意和他结成小组，弄得他很尴尬。

小思考

请你分析这位同学与人交往中所犯的错误。

【知识链接】

5.1　了解自我

希望能被人喜欢和欣赏是每个人内心深处的渴望。茫茫人海，大千世界，在人生绚丽的舞台上，我们都渴望做一个被人喜欢、受人欢迎的人。在家里，我们渴望得到父母的喜欢，在学校，我们渴望得到老师同学的欢迎……其实，拥有这些并不难，只要你能正确地认识自己，了解自己所承担的社会角色，用心扮演好自己的角色，你必将成为一个受人欢迎的人。

任务一　认识自我

古人云："知己者明。"早在 2000 年前，古希腊人就把"认识自己"作为铭文镌刻在德尔斐神庙上。尼采也曾说："聪明的人只要能认识自己，便什么也不会失去。"

我是谁？我能做什么？我应该怎么去做？三个看起来是如此简单的问题，却是时常困扰着现在许许多多的精明人。只有正确认识自己、了解自己，才能在人际交往中做到知己知彼、扬长避短、挥洒自如。

在现实生活中，如果自我被夸大，就容易产生虚荣心理，形成自满，使他人避而远之；如果自我被贬低，就容易产生悲观心理，认为自己一无是处，降低自己和别人交往的信心。可见，正确认识自己在人际交往中多么重要。

审视自己，走进自己，其实是一件很容易的事情。正如笛卡儿所说："我思故我在。"关键是我们要有良好的思考习惯，不断反思自己，这样才能正确认识自己。

任务二　如何认识自我

1．在经常的自我反省中认识自我

孔子曰："吾日三省我身。"只有经常进行思考、反省，才能更清楚地了解自己。在反省中自我评价，在反省中自我鉴别，在反省中自我裁定。

2．在他人的评价中认识自我

当局者迷，旁观者清，别人的看法往往更加客观。不但要听取别人好的评价，更要学会接受批评。兼听则明，偏听则暗。人往往总是"不识庐山真面目，只缘身在此山中"。

3. 在与别人的比较中认识自我

唐太宗有句名言:"以铜为鉴,可以正衣冠;以人为鉴,可以知得失。"马克思也曾经说过:"每个人到这个世界都没有自带镜子,是通过别人来看到自己的。"他人是反映自我的镜子,与他人交往,是个人获得自我认识的重要来源。

【技能训练】

(1)你知道自己每一天生活的价值和意义吗?
(2)你知道自己在别人心目中是什么形象吗?
(3)你知道自己真正的能力专长吗?
(4)请你向班级四位同学征集自己的优点和缺点各4条。

我的优点有:
① _____
② _____
③ _____
④ _____

我的缺点是:
① _____
② _____
③ _____
④ _____

【我思我悟】 我的收获与感悟:_____

【画龙点睛】 吾日三省我身,凡事从我做起。

5.2 学会自我介绍

如果说认识自我是一种学问,那展现自我就是一门艺术。

现代人要生存、发展,就需要与他人进行必要的沟通,以寻求理解、帮助和支持。展现自己有多种形式,其中,自我介绍是最基本、最常规的方式,是人与人进行相互沟通的出发点。艺术性地自我介绍,犹如商品广告,在短短时间内,将自己最美好的一面,毫无保留地表现出来,以刺激"顾客"的神经,引发其"购买"的冲动。那么,我们应怎样进行自我介绍呢?

任务一　自我介绍的方法与技巧

1．说好一个"我"字

自我介绍中少不了说"我",如何说好这个"我"字呢?首先,受人欢迎的一大因素就是以礼待人、尊重他人。当你在说"我"时,从语言、动作和神情中,应充满了对他人的认可、期待和喜欢。傲慢、轻蔑和厌恶是自我介绍中的大忌。但是,有的人自我介绍时,把"我"字说得特别重,甚至有意拖长,仿佛要通过强调"我"来树立自己的高大形象。更有甚者,说"我"时神情飞扬,目光逼人,大有盛气凌人、不可一世之气,只能给人留下骄傲自大的印象。要给人良好的印象,就应在关键的地方以平和的语气说出"我"字,目光亲切,神态自若,才能使人从这个"我"字里,感受到一个自信、自立而又自谦的美好形象。

2．独辟蹊径,巧结奇葩

自我介绍,人们往往像背公式定理一样:先报姓名,然后说工作单位、职业、文化、特长或兴趣等,千篇一律,落入俗套。这样的介绍不会在他人心中留下多少印象。

小故事

喜剧表演艺术家王景愚的自我介绍

我就是王景愚,表演《吃鸡》的那个王景愚。人称是个多愁善感的喜剧家,实在是愧不敢当,只不过是个"走火入魔"的哑剧迷罢了。你看我这40多公斤的瘦小身躯,却经常负荷许多忧虑与烦恼,而这些忧虑与烦恼,又多半是自找的。我不善于向自己敬爱的人表达敬与爱,却善于向自己所憎恶的人表达憎与恶,然而胆子并不大。我虽然很执拗,却又常常否定自己。否定自己既痛苦又快乐,我就生活在痛苦与欢乐的交织网里,总也冲不出去。在事业上,人家说我是敢于拼搏的强者,而在复杂的人际关系面前,我又是一个心无灵犀、半点不通的弱者,因此,在生活中,我是交替着扮演强者和弱者的角色。

小思考

你觉得这样的介绍好吗?好在哪里?这种介绍方法适合在什么场合用?

3．巧报"家门"

自我介绍少不了"自报家门"。为了使对方听清自己的准确名字,往往要对

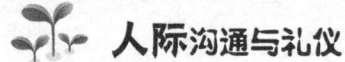

"姓"和"名"加以注释，注释得越巧，人们得到的印象就越深刻。对姓名的注释不仅可以反映一个人的文化水平、性格修养，更能体现一个人的口才。

小故事

> 著名歌唱家克里木在一次演唱会上的介绍很有新意，给人留下了难忘的印象。他说自己12岁开始便倒骑着心爱的小毛驴走南闯北，为了接受青年朋友的善意批评，忍痛放弃了那条落后于时代的老毛驴，从国外买了辆进口车开到演出场地。说到这儿，他停了片刻，又说："你们猜是什么牌的车？那是印度的一大篷车！"克里木就是从观众对他印象最深的曲子——电影《阿凡提的故事》的插曲联系到小毛驴，再从小毛驴说起，不落俗套，语言风趣幽默。

任务二　自我介绍的形式

1．应酬式

应酬式自我介绍适用于某些公共场合和一般性的社交场合，这种自我介绍最为简洁，往往只包括姓名一项即可。例如，"你好，我叫张小强。""你好，我是李大波。"

2．工作式

工作式自我介绍适用于工作场合，包括本人姓名、供职单位及部门、职务或从事的具体工作等。例如，"你好，我叫张小强，是国恩电脑公司的采购经理。""我叫李大波，在北京大学中文系教外国文学。"

3．交流式

交流式自我介绍适用于社交活动中，希望与交往对象进一步交流与沟通的场合。它大体应包括介绍者的姓名、工作、籍贯、学历、兴趣及与交往对象的某些熟人的关系。例如，"你好，我叫张小强，我在国恩电脑公司上班。我是李大波的老乡，也是北京人。""我叫王里朝，是李大波的同学，也在北京大学中文系任教，我教中国古代汉语。"

4．礼仪式

礼仪式自我介绍适用于讲座、报告、演出、庆典、仪式等一些正规而隆重的场合，包括姓名、单位、职务等，同时还应加入一些适当的谦辞、敬辞。例如，"各位来宾，大家好！我叫张小强，我是国恩电脑公司的销售经理。我代表本公司热烈欢迎大家光临我们的展览会，希望大家……"

任务三　自我介绍时应注意的几个问题

1．注意时间

要抓住时机，在适当的场合进行自我介绍。在对方有空闲而且情绪较好又有兴趣时做介绍，这样就不会打扰对方。自我介绍时还要简洁，尽可能地节省时间，以半分钟左右为佳。为了节省时间，做自我介绍时，还可利用名片、介绍信加以辅助。

2．讲究态度

进行自我介绍，态度一定要自然、友善、亲切、随和。语气要自然，语速要正常，语音要清晰。介绍姓名时，口齿要清楚，并作必要的说明。如介绍李某，可以说是"木子李"；介绍章某，可以说是"立早章"，这样既能使对方听得明确，又便于记忆。被介绍的应以礼貌的语言向对方问候、点头或握手致意。

3．真实诚恳

进行自我介绍要实事求是，不可自吹自擂、夸大其辞。自我介绍是给人留下美好印象的开端。要想给人留下美好的印象，不是一时半会儿就能做到的，因为人与人之间的相处，有它的复杂性。可能会因每个人的喜好不同，而结果不尽相同，虽然这是一门很深的学问，但不要怕，因为我们可以从现在开始改进。

【技能训练】

（1）向你的同桌介绍一下你自己。

（2）以小组为单位，以"我说我自己"为主题，进行演讲比赛。

【我思我悟】 我的收获与感悟：_____

【画龙点睛】 认识世界从认识自我开始。

5.3 学会与父母相处

骨肉亲情是一种温暖的情感，像一条缓缓流淌的小溪，轻轻吟唱着，在心与心之间传递着人世间最纯美的信息。感谢父母，是他们将我们带到了这个美好的世界；感谢父母，是他们的关爱与呵护，为我们撑起一把温情的伞。

小故事

> 方同学喜欢听音乐，整天什么R&B、HIP-POP不离口。父母想和他交流一下，可他老是不耐烦地说："和你们说，你们也不懂，我们有代沟……"

小思考

你能想象此时方同学父母的心情吗？

在你的生活中有没有碰到这样的情况，你认为什么是代沟呢？

你认为现在你和父母间最大的代沟是什么呢？

任务一　认识代沟

同学们是否体会到，随着年龄的增长，我们与父母的关系已不再像小时候那样亲密，这是为什么呢？有人说："世上有种结难以解开，它叫心结；世上有扇门难以敞开，它叫心扉；世上有条沟难以逾越，它是代沟。"

代沟妨碍了两代人的沟通。父母关心子女，子女尊敬父母，是中华民族的传统美德。父母子女间的欢歌笑语是人世间最美妙的音乐，然而这美妙的音乐也经常出现不和谐的音符，猜忌、烦恼、矛盾甚至冲突时有发生。

一项百人问卷调查显示：有61%的学生认为父母不了解自己，75%的学生认为父母思想太保守，76%的学生希望拥有自己的一片天空。为什么会有这样的情况出现呢？

父母子女和谐关系的最大敌人是代沟。代沟，简单地说就是不同年龄层次的人因思想观念上的差距造成的心理距离。它隔开了一代人与其上一代的人，影响着两代人之间的理解和沟通。

任务二　消融代沟之根本——理解、尊重

在人性的河流里，有一种永不干涸的内容，它就是理解，对父母的爱也就蕴含在其中。

减少"代沟"，首先要尊敬长辈，爱护晚辈。不被理解和不可理解是滋养代沟的"羊水"。彼此尊重各自的思想方法和生活方式，不要把自己的想法和做法无原则，甚至是野蛮地强加给对方。应在理解和宽容中求同存异，和谐统一。

"代沟诚可怕，个性价更高，若为真情故，两者皆可消。"彼此的理解和尊重是消融代沟最有效的方法。

任务三　与父母沟通也要注意礼仪

有些人和父母说话时随心所欲，不顾忌父母的感受，却不知你的言行已经让父母难过伤心。为了父母的微笑，与父母沟通时，也需要注意技巧。

1．不要抱怨父母

无怨无悔，不求回报！这就是我们的父母。尽心为家庭，无愧待子女。也许他们平时没注意与我们的沟通，也许不了解我们的心理，可那颗关爱之心，始终在无私地包容着我们，倾尽所能地满足着我们。面对这伟大的亲情，我们还

要抱怨父母什么,我们还能抱怨父母什么!让我们为全天下所有的父母唱一曲《懂你》,表达对他们最诚挚的敬意!

2. 敞开心扉、注意技巧

要想理解,先得了解,相互了解最好的方式就是交心。敞开自己的心扉,与父母进行诚恳的交流。在相互理解之后,自然就会爱心涌动,会孝心澎湃。在交流过程中得体的话语、温暖的目光、灿烂的微笑都是消除代沟的有效工具。

讲出来:将你内心真实的感受、痛苦、想法和期望讲出来,但是要注意说话的语气。

讲究沟通时机:有情绪时不要沟通。

承认错误:这是沟通的消毒剂,可改善和转化沟通的问题。

让奇迹发生:如果自己愿意互相认错,就是在替自己与家人创造奇迹。

爱:爱是最好的治疗师。

小故事

"我妈最唠叨了,像祥林嫂。""我爸才不像个男人呢,总婆婆妈妈地提醒我多穿衣服、多喝水……"小刚和小文这两个好朋友在一起时,总免不了互相"诉苦"。他们一起商量出若干对策:父母对自己说话时立即把电视声音开大,或是装着去厕所躲进卫生间不出来,被唠叨得受不了时一定要反击……有一天,小文一句"你烦不烦啊!"把妈妈噎得半晌说不出话。当他很得意地打电话给小刚汇报完"战果"后,经过厨房时无意间看到了妈妈正给自己做最爱吃的红烧鱼,眼角还有没擦干的泪水……

小思考

你认为小文做得对吗?

你的生活中有没有碰到过类似的事情呢,你是如何处理的呢?

【技能训练】

(1)作文:我给爸妈的一封信。

(2)回家和父母谈一下你喜欢的明星,把你的想法和父母交流一下,下次上课的时候大家一起交流你父母最喜欢明星的哪一方面?

(3)你觉得和你的爸爸妈妈在以后的日子里应该如何相处?

【我思我悟】 我的收获与感悟:＿＿＿＿＿＿＿＿＿＿＿＿＿＿＿

【画龙点睛】 请记住:就算天下人都抛弃你,站在你后面的永远是你的父母。

5.4 学会与老师相处

老师是石，敲出了希望之火；老师是火，点燃了生命之灯泡；老师是灯，照亮了前进之路；老师是路，指引着我们走向光辉灿烂的明天！

小故事

尊敬师长终身思慕

宋朝时，岳飞的老师周同的力气很大，可以拉开三百斤的弓箭。当周同死了之后，每到初一、十五，岳飞一定到老师的墓前祭拜，并且痛哭一番。在痛哭后，必定会拿起老师所送的三百斤的弓发出三支箭才回去。可见他这份念念不忘师恩的真情。

小思考

看了以上材料后，你有何感想？

古人云："一日为师，终身为父。"所以自古以来，老师始终是受人尊敬的。因为一个好的老师不仅帮我们"解惑"，而且向我们"传道"，老师是我们生活、学习中不可缺少的人物。与老师和谐相处是学生希望也做到的。但是，同学中有许多人对老师避而远之，这又是为什么呢？

任务一 不喜欢老师的原因

到现在为止你可能接触过很多老师，有的是你喜欢的，有的是你不喜欢的，首先来看一下你为什么不喜欢老师。

（1）你没有得到老师的重视。（　　）

（2）你对某科的学习缺乏兴趣，成绩不好，即使老师没有对你批评、责备，你自认为学习不好，老师不会喜欢自己，于是对老师缺乏感情。（　　）

（3）因为纪律问题或个别错误受到老师的批评过多，觉得老师过于严厉。（　　）

（4）老师冤枉过你，事后又没有认真承认自己的失误。（　　）

由于上述某个原因，使你不能走近老师，不喜欢老师。想想看，在你的一生中，至少有十三年是和老师共同走过的。如果你每天面对的是你不喜欢的人，那将是何等痛苦，而这种痛苦恰恰只是来自于我们自己的观念。让我们试着改变自己的观念，走近老师。

任务二 改变观念，走近老师

1. "老师为何没有重视我？"

当问题出现时，多从自己身上找原因：是不是我没有把一个值得信任的我展现在老师面前？若是这样，不要泄气，勇敢执著地把最好的一面展现给老师，即使是老师主观片面，那也不要紧，多和老师沟通，相信功夫不负有心人，总有一天你会赢得老师的信赖的。

2．"学习成绩不好怎么办？"

美国心理学家加德纳教授在 1993 年出版的《多元智能》中指出：人在实际生活中所表现出来的智能是多种多样的。这些智能可被区分为七项：语言文字智能、数学逻辑智能、视觉空间智能、身体运动智能、音乐旋律智能、人际关系智能和自我认知智能。从这一理论中我们看到，学习成绩不是衡量能力的唯一标准，老师也不应仅仅把学习成绩作为评价学生的唯一标准。

3．"老师误解了自己怎么办？"

当老师误解自己时，找老师说明情况；若老师还是固执己见，那你就暂且退让，相信真相总会水落石出。人无完人，老师也会犯错误，宽容理解是与老师和谐相处的重要之道。当然，作为老师也要不断反省自己、完善自己，尊重学生、爱护学生，学做学生的知心朋友。

【技能训练】

你心目中的好老师是什么样的？你怎样才能和心目中的好老师成为朋友？

小故事

> 静静在班级学习成绩一直名列前茅，这天她听弟弟的同学（弟弟同学的哥哥和静静是同学）说："我哥说你考试时，把纸条放在袖口里"。静静感到很委屈，她相信老师绝对不会相信她考试会作弊，老师会给她主持公道。于是，她和老师说了这件事，老师脱口而出："人家为什么会这样说你？"静静真是没有想到老师会这样说，她没有回答老师的问题，她深感委屈。多少年过去了，静静已经成为人母，但是，她对这件事情却耿耿于怀，她认为当年她的自尊受到了伤害。每年静静都要给她的中学、大学老师打拜年电话，但是这位老师却被排除在外，她知道这对那位老师是不公平的，几次拿起电话想拨给这位老师，却又放下了，她有一种说不出的感觉。

小思考

如果你是静静，当听到老师说："人家为什么会这样说你？"你该怎么办？你该如何让静静排除心理障碍，把问候电话打给老师呢？

任务三　良师益友

好的老师可能会成为你的好朋友。要学会和老师做朋友，把老师当作是你的朋友。作为学生，我们应该怎么做呢？

1. 学会相互尊重

尊重是社会交往的第一张通行证，师生之间亦是如此。

要想和老师交朋友，首先就要学会尊重。只有相互尊重，才有做朋友的基础。相互理解、相互包容、相互欣赏，是师生交往的应有之道，这是建立和谐师生关系的前提条件。

放学了，两位同学走在路上边走边讨论着："看看，教你们英语的黄洁今天穿的裙子好漂亮哦。""对哦，我们黄洁一直很靓的。"

站在拐角处的黄洁老师一脸无奈地听着两个学生的对话，不知道是高兴还是……

小思考

你怎样评价这两个学生的议论？

如果你是老师，心里会是什么感觉？

2. 以礼相处

老师和学生特别是同一个学校的老师和学生，经常会相遇或打交道，相互间的礼仪是不容忽视的事。和老师成为朋友的关键是经常和老师沟通，但学生在和老师的沟通过程中一定要懂礼、行礼，行为举止符合礼仪规范。

（1）师生相遇，要主动热情地招呼对方

冷漠是交流的天敌，沉默是陌生的代名词；温暖的话语可以拉近心灵的距离，灿烂的笑容能够诠释感情真谛。

（2）犯错误时，要敢于主动向老师承认自己的错误

主动承认自己的错误是思想的升华，是下一次成功的起点。敢于承认自己的错误是有责任心的重要体现，在一定程度上也是一个人成熟与否的标志。

（3）与老师交往，应注意小节

"小节"虽小，意义很大。小节虽然经常体现在谈吐等表象行为上，但它其实是一个人文化、修养、内涵等的反映。注意小节体现在：如与老师交往时，态度要端正，不要东张西望、抓头摸耳、目光应凝视老师，认真虚心地听老师说话等。

小故事

尊师重道终成大器

东汉时代，有一位名叫魏昭的人，当他还在童年求学的时候，遇到郭林宗，心想这是一位难得的好老师，便对人说："教念经书的老师是很容易请到的，但是要请到一位能教人成为老师的人，就不容易找到了。"所以他就拜郭林宗为老师，而且派奴婢侍奉老师。但是郭林宗体弱多病，有一次他要魏昭亲自煮粥给他吃。当魏昭端着煮好的粥进来的时候，郭林宗便呵责他煮得不好，而魏昭就再煮一次。这样一连三次，到了第四次，当魏昭再端粥来而仍没有不好的脸色时，郭林宗才笑着说："我以前只看到你的外表，今天终于看到你的真心啦！"于是大喜，将毕生所学全部教给了魏昭，而魏昭也终成大器。

任务四　和老师相处的核心在课堂

遵守课堂纪律是作为学生最基本的礼貌。上课时不遵守纪律是对老师极大的不尊重，也是对其他同学的不尊重。每个学生上课都要遵守纪律，这是基本义务，也是基本礼仪。

1．上课关手机是课堂上的基本礼仪

认真学习是一种美德，懂礼仪也是一种美德。在课堂上关掉手机会为你的美德锦上添花。

2．学生需要回答问题时，应行之于礼

七嘴八舌、搔首弄姿、滑稽逗笑、随便插话等行为都是课堂禁忌。

3．迟到是无礼的行为

没有理由的迟到，以推卸责任的借口来开脱是很无礼的。

4．着装简朴、大方、得体，是课堂应有的风景

浓艳不是课堂的颜色，讲时髦不是课堂的内容。

5．课堂不是餐厅

吃喝行为不能进课堂，这是对学生素质的一种检验。

【技能训练】

（1）检查一下自己在课堂上有没有不礼貌的行为并帮你的同桌纠正一下他（她）不对的地方。

（2）在自己身上检查一下，你有没有做到以上几点？

（3）除了这些，结合自己的情况觉得还要有哪些补充？

（4）如何和老师做朋友？

【我思我悟】 我的收获与感悟：＿＿＿＿＿＿＿＿＿＿＿＿＿＿＿＿＿＿＿

【画龙点睛】 一日为师，终生为师。

5.5 学会与同学相处

同学，一个青春的字眼，一段熟悉的记忆。相同的年纪，不一样的心情，青春在美丽的校园里碰撞出绚丽的火花。这略带青涩又无比温暖的同窗之谊将深深地铭刻在我们的记忆里，是我们青春的写照，是我们一生不变的珍藏。

友谊的种子是需要浇灌才能开出沁人的鲜花。讲究基本的礼仪规范是增进同学间友谊不可或缺的手段和方法。

任务一 与同学交往的法则

1. 守信

诚信是一种美德。有人说：诚实是人生的命脉，是个人价值的体现。因为失信就意味着失败，生命不可能从谎言中开出灿烂的鲜花。

与同学相处，更应守信，不可言而无信。无信是失礼的行为，往往会导致人际关系紧张。诚信是沟通心灵的桥梁。惯于欺骗的人，永远到不了桥的另一端。

诚信，犹如一股清泉，所到之处，谎言与欺骗这些污秽都将无处藏匿，让诚信来净化这个世界的每一个角落吧！

小思考

你能说出10句善于诚实守信的格言吗？

2. 谦虚

> 九牛一毫莫自夸，
> 骄傲自满必翻车。
> 历览古今多少事，
> 成由谦逊败由奢。
>
> ——陈毅

谦，德之柄也。与同学相处，要谦虚随和。谦虚是智慧的本源，是生命的完满，是聪睿的体现，是精华的蕴藉。摆架子、自以为是、趾高气扬、卖弄自己，是无知、幼稚和肤浅的表现，也是同学交往中的大忌。

小故事

春秋时期，孔子和他的学生们周游列国，宣传他们的政治主张。一天，他们驾车去晋国。一个孩子在路当中堆碎石瓦片玩，挡住了他们的去路。孔子说："你不该在路当中玩，挡住我们的车！"孩子指着地上说："老人家，您看这是什么？"孔子一看，是用碎石瓦片摆的一座城。孩子又说："您说，应该是城给车让路还是车给城让路呢？"孔子被问住了。孔子觉得这孩子很懂得礼貌，便问："你叫什么？几岁啦？"孩子说："我叫项橐，7岁！"孔子对学生们说："项橐7岁懂礼，他可以做我的老师啊！"

3. 宽容

宽容是两颗心之间美丽的桥梁。宽容，是一种美德，一种力量，一点关照，一丝温暖。宽容是在荆棘丛中长出来的谷粒。要知道，土地宽容了种子，才拥有了收获；大海宽容了江河，才拥有了浩瀚；天空宽容了云霞，才拥有了神采；人生宽容了遗憾，才拥有了未来；我们宽容了他人，才拥有了友情。与同学相处，要有一颗宽容的心，要明白"海纳百川，有容乃大"的道理。

4. 团结友爱

团结友爱，是中华民族历史文化中的重要伦理规范，是华夏民族繁衍不息、繁荣昌盛、稳定统一的固有精神力量和伦理道德基石，也应是今天中国人的基本行为准则。

"爱人者，人恒爱之；敬人者，人恒敬之""团结就是力量"……这些耳熟能详的格言警句在告诉我们这样一个真理：建立在友爱基础上的团结是世界上最伟大的力量；建立在团结基础上的友爱是人世间最珍贵的情感。

5. 相互尊重

小故事

"喔唷，你不知道呀，新来的那个女同学长得那么难看，还爱发脾气。"小喇叭在班上嚷嚷道；不一会儿，新来的那个女同学就在班主任老师的引领下走了进来。

小思考

假如你是那位新来的女同学，听到这些话，你的感受怎么样？

被人尊重是每个人本能的愿望与需求。每个人都需要被他人尊重。相互尊重是和谐社会的基本特征之一。正如惠特曼所说："不尊重他人，就是一种对自己的不尊重。"因为尊重他人就是尊重自己。

首先要尊重他人的人格。讥笑、辱骂、起绰号，不仅会伤害同学的自尊心，还侮辱了同学的人格，是很不礼貌、很不道德的行为。其次要尊重他人的生活习惯，每位同学的生活习惯是自幼养成的，是受家庭的教育和周围环境的影响而潜移默化的结果。尊重别人的生活习惯就是对他人人格的尊重。

小故事

大大该怎么办

小小和大大是同班同学兼同桌,平时关系非常好。有次小小的妈妈在国外给小小买了个很漂亮的电子词典,小小得意地带到了学校,同学们要看看,小小都舍不得,因为妈妈说是很贵的,弄坏了就不能修了,于是小小像待宝贝一样地对待它。就连大大都没法"靠近",可是大大想:他和小小是这么要好的同学,看看是没关系的。于是大大趁小小不在的时候,悄悄拿出电子词典来玩。可哪想下课时教室中人来人往,大大一不小心被撞了一下,手没抓稳,电子词典顿时摔成两半,被走进教室的小小看个正着,顿时大大傻了眼,不断地说对不起,可是已经晚了,电子词典坏了。从那天开始,原先的好同学,就再也没有说过话……

小思考

大大这样做对吗?他现在该怎么办呢?

任务二 同学交往的禁忌

1. 人格不平等

平等是现代社会的核心价值观之一。在人际交往中,承认彼此的人格平等是沟通的前提。同学之间在人格上是平等的,应该彼此尊重。自傲或自卑者都可能与其他同学之间人为地拉大距离,影响同学关系的正常发展。

2. 不正当攀比

同学交往,免不了相互比较,关键看比什么,是志气?信心?还是虚荣?如果是比思想进步、学习进步,这无可厚非,值得提倡;但如果是比物质、比表象,就不可取。盲目攀比往往是虚荣、自卑,甚至是懦弱的表现。一个人追求真善美是不会通过攀比来炫耀自己而获得虚名的。

3. 说长道短

同学间相处要光明磊落、谨言慎行。在背地里说长道短甚至挑拨是非,是同学间最忌讳的事情。

4. 恶语伤人

"良言一句三春暖,恶语伤人六月寒。"要自觉培养尊重别人的能力,讲话应温文尔雅,讲究语言美,不要自以为是、出言不逊、恶语伤人。

任务三　正确处理异性同学间的交往

进入"酸酸甜甜"的青春期后，少男少女们性意识萌芽，性心理开始发生明显的变化。这是每个人成长过程中正常的生理反应。在这一时期，如何正确地与异性交往，是现在学生人际关系的重要课题。据有关部门调查，我国有 15% 的初中学生、24% 的高中学生有早恋行为。思想单纯空虚、心理脆弱、幼稚无知是早恋的根本原因。

1. 早恋是青涩的苦果

美国科研人员的研究显示，在 17 岁前便谈情说爱的少年人，由于无法应付初恋带来的情绪困扰，将为日后患上精神疾病埋下隐患。由美国康奈尔大学及北卡罗莱纳大学一些社会学者联合进行的研究指出，不论这些少年人是否真的有特定恋爱对象，还是自我地迷恋偶像明星，都有可能因为不懂得处理这段感情而导致日后出现忧郁症及酗酒型的精神疾病。青春期的学生由于身心发展并未成熟，如果过早把精力放在恋爱上面，不仅有碍于智力的发展，而且还会因舆论的谴责和秘密交往的压力而造成性格上的缺陷和个性发展的障碍，同时对身体发育也有不利影响。

2. 健康的交往是美丽的花朵

男女同学间的友好相处是学校里一道美丽的风景线。不管是男同学还是女同学，都不要把性别作为是否可以交往的前提。男女同学之间不能人为地设置影响互帮互学、共同进步的心理障碍。建立在友谊基础上的异性间的交往是纯洁的、值得珍视的。

3. 疏导和净化是处理早恋的良方

友善的倾吐和诚意的建议可以解除早恋的困惑；不要自我挖苦，不要向亲人隐瞒。认识危害，及时改正是对待早恋应有的态度。书本是你心灵的慰藉，运动是你制造快乐的方式，转移注意力是你排挤苦恼的手段，积极向上是你对待早恋的法宝，追求真善美是你忘却早恋的良药。

【技能训练】

（1）由班长带头，为班级同学设立一个"心灵公约"，在班中的墙报上展示，来团结班级中的每个同学。

（2）你觉得同学间应该注意什么？男女同学间应该注意什么？

（3）如何让自己更受欢迎，告诉大家，你想到办法了吗？

【我思我悟】 我的收获和感悟：_____

【画龙点睛】 相识就是缘分，同学们要懂得珍惜同窗的友谊哦！

【学习回顾】

通过学习，你应该认识以下几点。

（1）只有正确认识自我，了解自身的弱点与优势，才能在人际交往中充分发挥自身优势。

（2）只有得体地展现自我，才能给别人留下好的印象，为你的人际交往开启一扇门。

（3）父母是我们挚爱的亲人，但是，与父母相处也需要讲究礼仪，这样，家庭才会有温暖和谐的氛围。

（4）老师是我们的良师益友，改变观念、尊重、理解、宽容是师生和谐相处之道。

（5）同学间的友谊是我们一生的财富，建立并维护同学的友谊需要沟通技巧和礼仪规范。

【思考与体验】

测一测看看你和同学间的关系如何？

（1）你最近一次和同学交朋友，是因为（　　）。

　　A．你认为不得不结交

　　B．他们喜欢你

　　C．你发现这些朋友令人高兴、愉快

（2）当你度假时，你是否（　　）。

　　A．希望交到朋友，可是往往很难做到

　　B．喜欢独自一个人消磨时间

　　C．通常很容易就交到了朋友

（3）你已经定下和几个以前同学的约会，可时你却因为繁多的作业而疲惫不堪，无法赴约，你会（　　）。

　　A．不赴约了，希望对方会谅解你

　　B．去赴约，但问对方如果你早些回家的话，他们是否会介意

C．去赴约，并且尽量显得高兴

（4）一个同学向你吐露了一件极有趣的个人问题，你常常（　　）。

　　A．连考虑都没考虑，就把这件事告诉了别人

　　B．根据情况决定是否要告诉别人

　　C．为同学保密，不把这件事再告诉别人

（5）当你的同学有困难时，你发现（　　）。

　　A．他们不愿意来麻烦你

　　B．只有与你关系密切的少数朋友才来向你求助

　　C．他们愿意来找你请求帮助

（6）对于同学的优缺点，你的处理方法是（　　）。

　　A．我相信真诚，所以对于我看不惯的缺点，我不得不指出

　　B．我喜欢赞扬别人的优点，缺点则尽量回避

　　C．我既不吹捧奉承，也不求全苟责他们

（7）在你选择朋友时，你发现（　　）。

　　A．你只能同你趣味相同的人们友好相处

　　B．兴趣、爱好不相同的人偶尔也能谈谈

　　C．一般说来你几乎能和任何人合得来

（8）对于同学们的恶作剧，你会（　　）。

　　A．感到生气并发怒

　　B．看你的心情和环境如何，也许和他们一起大笑，也许生气并发怒

　　C．和他们一起大笑

（9）对于同学间的矛盾，你喜欢（　　）

　　A．打听、传播　　　B．不介入　　　C．设法缓和

（10）每天上学以后，对于扫地、打开水一类琐事，你的态度是（　　）。

　　A．想不到做　　　B．轮流做　　　C．主动做

对于每道题，答A得1分，答B得2分，答C得3分。算算你自己的分数，看看你和同学的关系到底怎么样？

　　分数为15分以下：你是一个不大合群的人，如果你确实想把自己的人缘搞得好一点，就需要改善你同周围同学的关系了。

　　分数为15～25分：你和同学的关系还算可以，但还需要做适当的调整。

　　分数为25分以上：你的人缘很好。

项目六 学习职场的沟通技巧

【学习目标】

- 知识目标 初步认识职场的内涵，了解沟通在职场的重要性。
- 能力目标 掌握职场人际沟通的基本技能、方法和途径。

【案例导入】

阅读下面两个案例，并根据启发和提示进行分析、思考、讨论。

案例一

> 小王是个刚毕业的学生，英俊潇洒，在校成绩非常好，在生活中喜欢标新立异、戴项链、穿耳洞，对时尚的敏感度可以和明星相媲美。这日接到某知名外企的面试通知，小王非常高兴。他特地让父母陪他买了一套名牌西装和皮鞋准备面试。面试当天他兴冲冲地来到公司的面试会场，和主考官侃侃而谈，对答如流，小王不由得心中窃喜："没问题，肯定录取！"没想到，主考官此时却将话锋一转："你的西装是某某牌子的吧，很贵，你很有实力喔。"小王如实相告。"你的耳钉很漂亮啊！今年是不是很流行啊？"小王伸手去摸，暗想："糟了，忘记拿下了。"

小思考

你觉得小王被录取的机会有多少？如果他没有被录取，原因在哪里？

案例二

> 小李去面试，他各方面的条件都不错，面试官非常满意。当面试快结束时，面试官握着他的手，闻到他的头发散发出一股油腻的味道。终于，恭喜的话语变成了再见。

小思考

想一想，这是为什么？

【知识链接】

6.1 注重细节

告别校园,步入社会,意味着你即将展开人生新的篇章。但面对生平第一次的求职与面试还是免不了心慌意乱。这时在面试前对自己进行一番包装,利用专业干练的外表来造势,就显得格外重要了。因为这样就能让你在面试时信心倍增,给人留下美好的第一印象。这里的包装不仅是指外表、衣着、举止、精神状态等,还包括你的简历,通过这些非语言沟通来达到你的目的。

任务一 你也需要自我包装

1. 得体装扮巧沟通

得体的装扮一方面表示你对别人的尊重,另一方面也可体现你良好的礼仪素养。它充分展现了你的非语言沟通能力。首先从衣着上来说,着装应力求简洁大方,无论你穿什么,都必须充分体现你的自信。

(1)根据所从事的行业来决定面试穿着

比较传统的行业如金融机构、政府部门、国际贸易、保险等,男生应穿着西装,女生应穿着以裙装为主的套装,颜色以中性为主,避免夸张、刺眼的颜色,能将你的敬业感充分衬托出来即可。而如广告、设计、出版、广播、艺廊等行业,面试时的穿着以干净利落为原则,可以尽量突出个人特色,彰显你的天分与品位。着装的好与坏通常能左右你的自信心,不一定要穿名牌,但一定要干净、整洁。企业真正看重的还是你的内在素养。

(2)饰物代表个人的品位与个性,切忌弄巧成拙

对于刚毕业的社会新人来说饰物要少而精,你的朝气与自信是最好的佩饰。

(3)细节决定成败

我们千万不要小看细节,它往往会让你功亏一篑。在面试时,我们尤其要注意:无论男女,干净、整洁都是最基本的要求。发型不要过于时髦或随便,男生特别要注意修整鬓角、胡子。指甲要修剪平整、干净。女生可化一个淡淡的妆容,切忌浓妆艳抹。如果你不会化妆,那只要涂上一点口红或唇彩,就能让你容光焕发、精神百倍了。

案例一和案例二的两个面试者都是因为没有注重细节而导致了面试的失败。另外面试时只带一个手提包或公事包,把物品有条理地收好。手里又提又拿

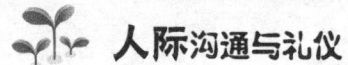

许多东西，容易给人没条理、急躁的感觉。试想一个连自己的东西都整理不好的人，又怎能将公事处理得井井有条呢？

在面试时，只要自然得体，既显现青春活力又不失个性就足以展示你的形象了。在应聘过程中，还需要比着装更为重要的自我包装——简历，一份良好的求职简历对于应聘成功极其重要。在简历中通过自我介绍，能展示你良好的书面语言沟通能力，让招聘单位对你"一见倾心"。这其中包括得体的自我介绍，也应包含你对职业的追求和人生的信念。

2. 精彩简历话沟通

千万不要小看简历的作用，它显示了你对应聘职业的态度和人生理念，字里行间体现着一个应聘者的文采和信念，通过你的文笔在和招聘者进行沟通。那如何实现良好的沟通呢？

（1）突出"简"

招聘人员面对成百上千份的求职简历时，不可能都一一仔细地进行阅读，所以简历的内容应简洁明了，一般以 500 字左右为宜，不要超过一页纸，更要避免错别字。

（2）突出"经历"

用人单位最关心的是应聘者的经历，以此了解应聘者的经验、能力和发展潜力。因此，在写简历的时候，不要把很久以前的学习经历再一一罗列，可以突出曾经任职过的重要机构，也可以针对应聘岗位把相关经历写得详细些，并突出自己的能力。值得注意的是，对于近期的工作经历一定不能遗漏，否则会引起用人单位的不信任。

（3）突出所应聘"职位"的信息

招聘经理关心应聘者的主要经历是为了考察应聘者能否胜任拟聘职位。因此，无论是写自己的经历，还是做自我评价的时候，一定要紧紧围绕所应聘职位的要求来写。招聘经理们只对应聘者的职位相关信息感兴趣。

职场如战场，只有知己知彼，才能过关斩将、脱颖而出。适度的自我包装，是你与用人单位的一种非语言沟通。年轻人有着肯学敢拼的特质，但在短时间内让招聘经理对你产生兴趣，才是你制胜的关键。尤其在面试时，通常在最初的 3~4 分钟里，从你的衣着、举止、谈吐，面试官就会对你有一个先入为主的印象，这个印象往往决定你面试的成功与否。

【技能训练】

把班级分成四个组，每个组成立一个虚拟公司，分别由同学担任主考官、面试官、经理等职务，其余的人作为应聘者，来模拟公司应聘，要求写一份简历做自我介绍。由虚拟公司的人员现场进行筛选。在每组中各选出最好的一名，说出他们好的原因。

任务二　完美表现，快速胜出

在招聘现场，不要认为考官会保持好心情，能静下心来听你喋喋不休。职场资深人士指出，实际上从你一踏入大门起的三分钟时间内，主考官就决定了是否要录用你，余下的几分钟完全是安慰性质的敷衍，因此，面试时我们要抓住最初的三分钟。

1. 微笑是自信的第一步

刚出校门，可能羞涩，可能稚嫩，却不能邋遢，更不能拉着一张"欠债还钱"的脸参加面试。保持面部微笑，能为你缓解紧张情绪，消除与面试官的隔阂，充分展示你的涵养和风采。留给面试官最佳印象，才能争取到工作机会。

【技能训练】

学会微笑

拿出一面镜子，对着镜子做出你认为最美丽的笑容。请身边的同学为你的微笑打分。

2. 坦然自若，落落大方

有的应聘者在面试时探头探脑、扭捏不安，在门边久久徘徊，这些举动都会给用人单位留下不自信的印象。对于刚出校门的学生来说，最关键的不一定是英文和专业能力，而是在面试时能够应对自如、不卑不亢，充分展露自己的自信。因此在面试时，要做好充分的准备，尽量表现自己的长处，力求让用人单位了解你。

小故事

小王是某知名高校毕业的大学生，经人推荐到A公司报到工作，早上他来得很早，想给领导留个好印象。但时间还早，没什么事做，于是他就决定到处溜达溜达，想更全面地了解公司情况。他从一间办公室看到另一间办公室，正当他在一间办公室驻足观望时，公司的保安冲了进来，一把抓住了他，并把他当作小偷送进了公安局……

小思考

小王做错了什么？如果你是这家公司的领导，你接下来会怎么做呢？

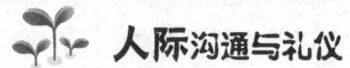

3. 彬彬有礼，显示你良好的教养

有位资深的面试主考官说过："我们很注意观察应聘者的行为举止。当应聘者来到房间后，我会注意观察他是否等我请他坐下时再坐。"在面试时，我们千万要留意自己的行为举止，不要一落座就全身陷在沙发中，或懒散地靠在椅子上，或因为紧张而双脚不停地抖动，这都会给人一种不稳重的感觉。端正坐姿，上半身自然前倾，会让人觉得你聚精会神，进而给人留下做事认真、积极的印象。

小故事

> 有两位学生同时去某公司应聘。那天正下着雨，进门时主考官帮忙接过雨伞，佳佳说了声"谢谢"，莉莉则低着头，不声不响地走了进去。主考官又特地倒了两杯茶递给她们，佳佳很有礼貌地道谢并双手接过，莉莉又是一声不响。落座后，佳佳微笑着双手把自己的简历递上。当主考官问莉莉要简历时，她非常紧张，在包里抽出简历随手交给了主考官。临走时，主考官递过伞，莉莉甚至忘了说声谢谢……

小思考

假如你是主考官，你会选择谁，为什么？你注意到她们举止的差异了吗？

俗话说："善待别人就是善待自己，尊重别人就是尊重自己。"在人际交往中，自己待人的态度往往决定了别人对自己的态度，因此，你若想获取他人的好感和尊重，就必须尊重他人。在职场中，礼仪往往决定了一个人的发展前途，一个懂礼貌、举止得当的人肯定会得到别人的认可。反之，任何一个人都不会喜欢无礼的同事；任何一家公司也不愿意招聘这样的员工，以免有损公司的形象。

4. 注重你的语言表达能力

即使一些面试官已经看过你的简历，还是会要求你再当场介绍一下自己的基本情况，面试官的本意是测试一下你的现场语言表达能力。因此当回答问题时，应该适当放慢自己的语速，把你想回答的内容清晰地表达出来。一旦紧张，就容易造成说话结结巴巴或越说越快。此时，如果把语速放慢，紧张的情绪也能得以缓解。当与对方的谈话出现间隔时，不要急不可耐往下说，给自己留以思考的空间，及时理清头绪，让对方感觉你是一个沉着、冷静的人。

小故事

> 刚毕业的刘威同学来某企业应聘，为了能比较有把握，事先做了充分准备。面对面试官他从容不迫，非常自信地侃侃而谈。可是这位面试官下午正好有个

会，本来以为刘威同学很快就会说完，没想到他说个不停。出于礼貌面试官不能打断他，于是就不停看时间给刘威同学暗示。可是刘威同学还是自顾自地说个不停。没办法面试官最后只能板起脸告诉刘威同学："你先回去等通知吧。"

小思考

为什么面试官会生气，刘威同学做错了什么？

5．留意面试官的肢体语言

在面试时，你和面试官侃侃而谈，气氛非常融洽，似乎一切尽在掌握。那你有没有注意面试官那频频变换的坐姿呢？

经验告诉我们：

在面试时，我们也要留意面试官的肢体语言。面试者要注意和面试官眼神的交流，这不仅是相互尊重的需要，也可以更好地获取一些信息。但眼神的交流不是盯着看，而是与他们的眼睛"交谈"，与他们的动作达成默契。如果你回答问题的时间远远超出面试官的预期，这会令面试官感觉非常疲劳，进而产生负面的影响。

任务三　圆满的结束是另一个圆满的开始

许多求职者只留意应聘面试时的礼仪，而忽略了应聘的善后工作，而这些步骤也能加深别人对你的印象。面试结束并不意味着求职过程的结束，也不意味着求职者就可以袖手以待聘用通知的到来，还有些事你必须去做。

1．真诚地表达你的感谢

为了加深招聘人员对你的印象，增加求职成功的可能性，面试后两三天内，你最好给招聘人员打个电话或写封 E-mail 表示谢意。电话要简短，最好不要超过 5 分钟；感谢信也要简洁，最好不超过一页。表达谢意时应提及你的姓名及简单情况，然后提及面试日期，并对招聘人员表示感谢；重申你对该公司、该职位的兴趣，尽量修正你可能留给招聘人员的不良印象；最后表示你有信心为公司的发展做出贡献，并主动提供更多的材料。面试后表示感谢是十分重要的，因为这不仅是礼貌之举，也会使面试官在做决定时对你有更深的印象，说不定会使对方改变初衷。

2．调整心情

我们每个人都会经历从"学生族"到"职业族"的身份转换，而学生不管是在经验上还是处理事情的能力上，确实和有工作经验的人存在着一定差距，如果面试官要求比较苛刻，不要气馁，一定要调整好自己的心情，全身心投入第二家的面试准备。在没有收到录用通知之前，都不算成功，还需要你努力，但也不应放弃其他机会。

3．耐心等候

在一般情况下，面试结束后，招聘经理要进行讨论，然后送人事部门汇总，最后确定录用人选，可能需要 3~5 天时间。求职者在这段时间内一定要耐心等候消息，不要过早地打听面试结果。但如果在面试两周后或在面试官许诺的通知时间到了，却还没有收到对方的答复时，就应该打电话给招聘单位，询问是否已经有了结果。

4．总结经验再次冲刺

应聘中不可能个个都是成功者，万一你在竞争中失败了，也不要气馁。关键是必须从中总结经验教训，找出失败的原因，并针对这些不足重新做准备，期待下一次的成功。

【技能训练】

上海海晶科技有限公司是一家中外合资企业，从事网站建设、软件开发等业务，因业务发展需要现在诚聘：软件开发人员、文员等若干名。

（1）请你根据公司情况，针对你拟聘的岗位写一份简历。

（2）在面试时，常会听到这样的提问，你会怎么回答呢？

① 你在学校期间，从事过哪些社会工作？

② 你的专业课有多少门？你认为这些课对将来的工作有什么帮助吗？

③ 以你的专业来看，你似乎不适合这项工作，你认为呢？

④ 你为何想在这里工作？

⑤ 你有什么问题要问吗？

（3）根据面试结果，请你写一封感谢信。

【我思我悟】 我的收获与感悟：_____

【画龙点睛】 得体的装扮、扎实的专业技能、自信的态度、真诚的沟通是面试成功的必备武器。

6.2 学会和上司交流

当你跨过求职应聘关后，千万不要以为你已经能够应对自如地驰骋职场了，因为真正的职场考验才刚刚开始。你必须在试用期内很快适应你所在的职业环境，要让上司看到你的适应能力、主观能动性和团队协作精神，同时要充分表现出你谦虚努力、认真好学的务实态度。

小故事

蒙蒙刚毕业一年多，在一家广告公司做广告文案策划。她漂亮、聪慧、干活利落，深得上司赏识。一次，上司交给她一项重要的任务：按照上司的既定思路，做一个详细的策划方案。上司先告诉她，这是一个当地大型房地产公司的项目，并表示这个项目对公司发展很重要。为此，上司先提出了策划思路，让她只要按照这个思路做策划方案就行了。蒙蒙很不解：以前上司顶多提个要求，策划方案完全由自己完成，而且每次都能得到上司的称赞。难道是上司对自己不够放心？不相信自己的能力？而且她发现上司的思路有一个致命性的错误，如果按照此思路做策划方案，肯定会遭到客户的拒绝。于是，蒙蒙又找到上司，当时上司和全公司的领导正在开会，但她当众直截了当地说："你的思路根本不对，应该这样……"直接否定了上司的方案，这让上司感觉很没面子。结果上司就把方案给了别人做。尽管最终的策划方案的确不是上司预先的思路，但蒙蒙的那位同事没有像她那样直接顶撞上司，而是私下同上司做了交流，上司也主动改了原有的思路。结果，自然是两全其美。

小思考

蒙蒙错在哪里？

作为下属，不顾忌上司的面子挑战他的权威是非常不恰当的，尤其是在公共场合，让上司难堪是最忌讳的。首先，对上司布置的工作应先答应下来。然后，找机会单独和上司交流，说明自己的想法，建议上司考虑，让上司感觉到是在为他着想，是为了更好地做好工作。一般来说，上司都会考虑下属的想法，同时他也不会感到失面子。

我们应该知道，职场中比拼的是综合素质，或许上司在很多方面不如你，但只要他在其任职的领域有专长就可以了。他要抓的是全局，不必做到样样精通。每个人的精力、时间有限，即使在同一个部门，也不可能完全熟悉每一个流程和环节。上司能够取得比你高的职位，自然有其理由。尺有所短，寸有所长，或许他有一技之长，或许他的综合素质胜你一筹，或许他经验阅历、人际关系比你丰富。因此要学会尊重上司，无论上司水平的高低，都应尊重上司，这是最起码的职业素质和道德。作为一个好的下属应做到：不冲撞上司；要了解上司的喜好和忌讳；上司有错时，不要当众纠正；上司理亏时，要给他留个台阶下；要与上司保持一定的距离，但要让他了解你对公司的忠诚；受了委屈千万不要到处声张。虚心求教是你适应所处环境的重要途径，也是与上司沟通的最好方式。它会给你带来许多工作的便利，也会让你快速成长。

办事干脆利索，是工作人员的基本素质，做事干净利落的人往往为上司所赏识。身为管理者深知时间就是生命。要使上司在较短的时间内，明白你报告的全部内容，就需要你有选择性地、直截了当并条理清晰地向上司做报告。如果上司要求提交一份详细报告，那最好就在文章前面做一个内容提要。有影响的报告不仅反映了你的写作水平，还反映了你的思考能力。因此，动笔之前你必须深思熟虑，运用一点战术，婉转地表达你的建议。

在工作中作为下属应该适当了解上司的工作习惯、处事作风，然后投其所好。如有些上司喜欢白纸黑字的书面报告，你就先写报告，再同他交流；有些上司喜欢简短的口头报告，你可以当面汇报，事后提交备忘录；有些上司要求下属自己做出决定来完成任务，你就大事汇报，小事自断；而有些上司却要求下属定时向他报告，你就随时与他互动。了解了上司的工作作风，以他喜欢的方式完成工作，不要逞强，工作起来才会得心应手，少走弯路。

要想上司对你另眼相看，不是一朝一夕之功，重要的是除了工作尽责外还要学会正确执行每一个程序。

小故事

有家杂志社给某人做专访，出刊后，先送了一本给作者。因为写得相当好，图片和编排也很讲究，作者想送几本给朋友，就打电话给杂志社主编，请主编多送两本杂志。当时主编不在，是一位员工接的电话，员工爽快地答应了。可是，不久之后作者就接到主编的电话"对不起！您来电话的时候我不在，杂志收到了吧？我特别多送了两本，一共三本。"停了一下，她又说："可是，对不起啊！我想知道是我们公司的哪位员工，说您可以立刻派人过来拿。"作者愣了一下，说："有问题吗？""当然没问题，您要十本都没问题，这只是我对员工工作伦理的一种考核。"作者没有告诉主编是谁，但主编还是查了出来，并对该名员工做了处分。

小思考

那位主编为何如此计较？

不懂得工作伦理，也就是工作程序，在不该说话的时候说话、不该做主的时候做主，是社会新人常犯的毛病。你必须知道，无论你帮老板管了多少事情，也无论老板多糊涂，甚至有些依赖你，但他毕竟还是你的老板，就应该让他做主。

任务一　出谋划策，提升自己

如果你是一名新进员工，就要尽快熟悉公司的一切，努力了解公司的工作目标、组织结构、企业文化等，是为了表示你愿意融入这个群体，而不是成为一个匆匆过客。此外，你还要了解公司的经营方针和工作作风。当你对公司的全局有了认识后，应对自己的工作方向作出调整，也有助于你日后的发展。

小思考

假如你是个刚进公司的新人。要想尽快了解公司，你认为最快和最有效的方法是什么？

做事积极主动是一个员工的基本素质之一。上司给自己分配任务时，如果能够接到工作就立刻动手，并能准确及时完成的话，那是皆大欢喜的事。但世事难料，总会遇到一些意外情况的发生，此时我们不能消极等待，抱有太多不切实际的希望和幻想，而应想方设法将工作圆满完成。

企业发展需要全体成员的共同努力。所在部门、上司和你是三位一体的，帮助上司解决问题就等于是帮助你的部门，最终受益的肯定也是你自己。有付出迟早会有回报！我们要站在以工作和团队发展为重的立场上，设身处地为上司分忧，替他们着想。在上司遇到困难时要予以谅解，并主动伸出援助之手。但你的措词和表达方式一定要特别注意。

小故事

做广告文案的小玲最近很头疼，她每次把做的广告文案拿去给老板看的时候，他都反对，但从来不指出具体的反对理由。久而久之，老板的挑剔让小玲觉得自己是个没有才华与能力的人，渐渐失去了对工作的兴趣。但是小玲是个从不服输的人，她积极调整了自己的心态。不久，她接手了一个广告的方案创意后，精心地准备了三套方案，在这三个侧重点不同、宣传风格迥异的方案中，小玲把自己的视角调整成了一个挑剔者。几个通宵的无眠之夜过后，虽然面对着提交的方案，老板还是摇头，但当小玲说出最后的思路——把三份方案的亮点结合在一起时，他的笑意也渐渐浮现出来。

小思考

小玲的上司为什么露出了微笑？

从这个例子不难看出，在遇到挑剔的上司时，你不妨在提出问题的同时将解决的方案也一并提出供他参考，让上司自己做出明智的决定，同时也加深他对你的印象，认为你是一个做事周详、见解独到的员工。所以作为一名称职、有上进心的员工应该非常熟悉和了解相关的业务知识，并且还要时刻保持良好的心态，这样才能确保开展工作时得心应手。一些工作所需的知识与学校所学的

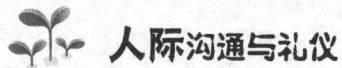

书本知识有很大差异,你需要在工作中不断地学习。另外,如果老板感觉到你总是能完成更多更重的任务,总是能很快掌握新技能的话,相信你在他的心目中肯定会占有一席之地的。

任务二　不可不拘小节

有许多刚开始工作的人,为了能让别人注意自己,特别是希望顶头上司对自己印象深刻,于是常常创意独特,做出一些与众不同的表现,希望借此吸引更多人的视线,不料"聪明反被聪明误",反而遭到别人对自己的非议。当然,让上司对自己产生好感这样的想法是好的,但关键是要掌握恰当的表现方法,讲究一些表现技巧,这样才能让别人接纳你,并让上司对自己产生好感。因此,我们应该注意以下几个方面。

1．穿着要得体大方

外表是给人的第一印象,得体的装束会让人倍感自信。作为兼职人员或实习生,公司也许对着装没有强制要求,但我们决不能放松自己,要时时刻刻把得体大方的着装作为规则来提醒自己,让自己尽快融入整个团队中去。

2．上班尽量提早一点

也许自己所在的单位,对迟到考勤方面没有什么特别的要求,但我们决不能随便放松自己,每天不是迟到就是早退,并总认为没人注意到自己的出勤情况。如果你每天上班总能提早一些到公司,你的上司就会认为你非常重视这份工作。

3．工作时不做无聊事

小故事

> 小李去某公司实习,初入公司对各方面还不熟悉,上司也没有安排具体的工作,小李觉得很无聊。好在公司办公环境不错,每人桌上一台计算机,可以通过上网对外联络。小李想:"反正闲着也是闲着,我上QQ看看同学们在干什么吧。有事我也不会耽误的。"一天,两天……同事们对她还是客客气气的,小李以为没事。终于有一天,上司把她叫到了办公室,和她说:"……"

小思考

上司和小李说什么了?

初进单位的人,特别是实习生,由于一开始不适应工作时间和工作节奏,或者老板没有分配具体的工作内容,因此常常会觉得无事可做,会有刚刚上班就盼望下班的念头,在工作时常常玩手机或上网聊天。上司尤其忌讳工作中的闲聊，它不但会影响你个人的工作进度，还有可能会把你牵扯到公司的"帮派"中去，给自己带来不必要的困扰，招来上司的责备。注意到这些，你就能树立起一个专业人员的形象，你的整个职业生涯发展也将受益匪浅。

4. 学做备忘录

俗话说："好记性不如烂笔头。"我们要学会做备忘录。我们不妨在上司讲话的时候，专心聆听，细心揣摩，做一些必要的记录。在他讲完后，可以稍思片刻，也可问一两个问题，真正弄懂其意图。切记，上司不喜欢那种思维迟钝、需要反复叮嘱的人。应当大事做于小、做于细、做于勤。

5. 做事要坚决果断

许多人在刚开始工作时，因为怕做错事情或者承担责任，而表现得畏首畏尾，不敢发表意见；遇到自己非要做的事情时，又表现得犹豫不决或过度依赖他人意见，那你就只有做好一辈子当小兵的准备了。因为企业通过创新才能发展，而创新需要那些做事坚决果断而不是莽撞行事的人才能实现，老板需要的是这样的人才。

妥善处理好和上司的关系，始终牢记上下级关系原本就是一种不平等的关系。美国著名的职业指导专家鲍勃·温斯坦曾说过一句令人感触万分的话："任何人都有可能被对方换掉，只是雇员比上司的可能性更大。"在职场中，不同的角色起着不同的作用，最重要的是你要认清自己的角色，扮演好自己的角色，不要受角色之外的因素影响。学习和上司的相处之道是一个艰难的过程，但这也是一个年轻人学会放弃、学会忍让、学会服从、走向成熟的过程。

【技能训练】

（1）你和上司一起参加某个宴会，你对酒精过敏，但上司硬要你喝，该如何应付？

（2）假如需要紧急决定是否去参加一个展览会，这时已经来不及向上司汇报，作为经办人你该如何处理？

（3）如果你有一份工作计划要作出报告，但并不太急，只需你在当天内完成。你会选择什么时候递交呢？

（4）与上司和睦相处要掌握哪些要领？请把你的想法和大家分享。

【我思我悟】 我的收获与感悟：＿＿＿＿＿＿＿＿＿＿＿＿＿＿

【画龙点睛】 上司无论在经验上，还是在人际关系上，都有值得你学习的地方。切忌自认为比他强，而应虚心求教，尊重和配合上司的领导。

6.3 学会和同事和谐相处

人在职场，不要以为赢得上司信任就可以春风得意了，还要懂得如何与同事相处。这也是一门学问，而老师就是我们自己，只有自己在现实中不断摸索，才能找到规律。

小故事

> 琪琪和敏敏同时分到某公司实习，琪琪自认为是高才生，总觉得自己是大材小用，公司分配下来的小事情不肯去做，对办公室里的同事也是看不顺眼。而敏敏手脚勤快，有求必应，从打字、复印到帮客人端茶送水，最基本的小事也做得积极主动。最后只有敏敏被公司留用了。

小思考

琪琪为什么会失败？

长幼有序，先来后到，这是规矩。各行有各行的规矩，办公室里也一样。新进人员应从最基本的开始做起，不要有怨言，不管先来的同事能力如何，都应该向前辈虚心求教，同他们和睦相处。

任务一　人和万事兴

中国是一个礼仪之邦，讲求以和为贵。同事之间由于经历、立场等方面的差异，对同一个问题的看法往往不同，会引发一些争论，一不小心就容易伤到和气。因为每个人接受新观点都需要一个过程，主观上往往还伴有"好面子""好争强夺胜"的心理，一开始可能彼此之间谁也难说服谁，此时如果过分争论，就容易激化矛盾而影响团结。因此在处理这些矛盾的时候，应争取积极主动和对方沟通，真诚善待对方，努力寻找共同点，求大同存小异；实在不能达成一致时，也不要刻意掩盖矛盾，不妨冷处理，表明"我不能接受你们的观点，我保留我的意见"的态度，让争论淡化，又不失自己的立场。与同事和睦相处不是一件容易的事，但也不是很难的事，只要你以发自内心的微笑，抱着真诚好学的态度和大家共事，一定会赢得大家的好感。千万记住，和谐的同事关系能让你和你周围同事的工作和生活都变得更简单、更有效率。

任务二　距离产生美

要想拥有和谐的同事关系，还必须记住一句话："距离产生美"。

小故事

> 葛菲和顾俊是杰出的羽毛球运动员。在1996年3月至1999年间,她们的"女双配对"在国际赛场中从未失手,连胜了一百场左右。虽说她们的特长和球风各不一样,但那种默契的配合令人叹为观止、难以逾越。可有谁想到,这号称"东方不败"的拍档,虽然场上共同训练了十几年,但在场外却私交甚少。原来,不论在国内,还是在国外,葛菲和顾俊从不住在一起,这是教练特地为她们做出的安排。葛菲回忆说:"两人在一起的这么多年里,私下只一起吃过一次饭,那还是在悉尼奥运会之前,教练把我们约出来一起谈谈的时候。"

小思考

这对超级黄金组合私交甚少。但在赛场上战无不胜的原因在哪里?

许多职场新人都有类似的苦衷:为了早日融入所在的团队而刻意改变自己去适应别人,想让每一个人都喜欢你,但久而久之,把自己弄得很累而反响却不好。其实,你只管认认真真工作、踏踏实实为人,不必希望团队里的每一个人都认同和接受你,因为人的性情总是多种多样的,你只要真心诚意地关心同事,随时细心地体察同事的需求,时时抱着善意和助人的心态待人,就会受到大家的欢迎。但要记住,同事不等于朋友。有时过分亲密无间的人际关系会令人变得自私狭隘;对人过分热情会在无形中给人带来压力,甚至让人产生怀疑和反感;而过分暴露自己的隐私或者随便打探别人的隐私都是极不道德,令人厌恶的。因此,在人际交往中要把握一个"度",要学会为别人也为自己留有余地,不能公私不分。和同事保持适当的距离,会使你的工作更加得心应手。

任务三　敢于承受失败,让你成长

生活中,我们每天都在尝试。在尝试中,我们或是走向成功,或是品味失败。失败是痛苦的,要承认自己失败总是难以启齿,甚至会担心被别人当成是笑话。但失败并不是一件坏事,古人云:"天将降大任于斯人也,必先苦其心智,劳其筋骨,饿其体肤……"只有经过失败的洗礼,才会逼人深省、促人成长。当把失败作为一种强大的追求上进的动力时,它就有了极其珍贵的价值。

小故事

> 春秋时越王勾践,曾被吴王夫差打败,被围困在会稽山,万般无奈之下只得屈膝求和。战败后勾践立志要报仇雪恨。为了使自己不因为生活安乐而忘记耻辱,他夜间睡在柴草上,在自己的住处悬挂苦胆,吃饭、睡觉之前,都要尝

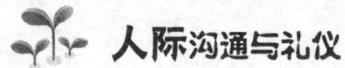

尝那胆的苦味，以激励自己的斗志。经过长期准备，越国终于由弱国变成强国，最后打败了吴国，夫差羞愧自杀，勾践遂称霸于诸侯。

小思考

勾践是一个失败的人吗？

这是人人皆知的故事。对于失败，有人选择逃避，变得自卑、焦虑；有人选择奋起直追，挑战命运。勾践卧薪尝胆，终于从失败走向成功。

现代社会的职业竞争愈趋激烈，就业压力也越来越大，青年人要适应这样的社会环境，必须培养对于失败和挫折的心理承受能力。培根曾经说过："好的运气令人羡慕，而战胜厄运则更令人惊叹。"能够承受失败和挫折的心理压力、不断完善自我的人必然是现代社会职业竞争的胜者。

1. 发现自身价值

在遭遇失败和挫折后，一般人直接的反应就是恼怒和沮丧，情绪紊乱，产生巨大的心理压力，怕别人抓住你的失误和疏漏大做文章。其实，你可以换一个角度来思考问题。不妨把所有的苛责和评论都看成是爱护你的表现，是你潜在的自身价值引起他人的评价。因为，如果你在他人心目中无足轻重，别人就会对你不屑一顾，无视你的存在，任你自生自灭。

2. 树立必胜的信心

英国著名的哲学家罗素说过："遇到不幸的威胁时，认真而仔细地考虑一下．最糟糕的情况可能是什么？正视这种不幸，找到充分的理由使自己相信，这毕竟不是那么可怕的灾难。"罗素的话，并不是要人们鲁莽地对待失败和挫折，而是希望人们树立战胜困难的信心，坚强地对待失败和挫折。坚强的人不会害怕困难，能够高度重视遭遇的失败和挫折，冷静地分析失败的原因，理智地寻找避免失败的途径。

3. 作出明智的估算和选择

当你遇到失败和挫折的时候，首先，要估计自己失败和挫折的影响和损失有多大。千万不要低估问题的严重性，否则当你去挽回局面时，就会感到准备不足。其次，当你经历一次失败或挫折后，在情绪完全恢复前，不要去尝试一下子解决所有问题，要挑一件力所能及的事着手去做，每次只迈出一小步，增加成功的概率。最后，改变那些可以改变的，接受那些不能改变的，重新审视、评估自己的目标和行为。

"胜败乃兵家常事。"人生总是有败有胜，失败了并不可怕，可怕的是经不起失败，面对失败惊慌失措、丧失自信，怀疑自己的能力，嫉恨别人比自己强。如果在经历了失败后，能冷静分析自己的优势与劣势，扬长避短，以豁达的心态实事求是地对待自己，失败本身也就变成了一种财富，其中蕴含着成功。确定了自己的目标后踏踏实实走下去，提高综合素质，超越自己，你的人生一定会绽放出光彩。

任务四　走向成功

职场的赢家，往往是职业目标明确，又善于努力学习，能够扬长避短，积极追寻机遇的人。职业目标的确立是你走向职业生涯的关键性决策，树立什么样的职业目标，是你能否顺利实现从校门走向职场的重要一步。

职业目标是什么？怎么定？我的具体目标是什么？这是每一个从校门走向职场的人，都会自然而然碰到的问题。列出你的人生目标、职业目标，以及你走向这些职业目标的具体安排，不要只抱持过于理想而且空泛的职业期望，诸如高薪、高职位，而要列出更具体的、能胜任的职业岗位，确立你能从低向高不断奋斗的职业目标。

小思考

你目前的人生目标是什么？你工作后的目标是什么？

"一个人没有目标，就不可能有实际的行动，更不可能获得实际的结果。"求职的过程也是如此。想要应对自如地驰骋职场，就必须树立一个客观实际的职业目标，并为之做出实实在在的行动与努力，才能获得实际的目标结果。应对自如，驰骋职场是每一个求职者的渴望，然而这就要求你必须拥有应对职业挑战的学识，拥有满足竞聘岗位基本要求的个人素质，以及临场对这些基本学识、个人素质的能动发挥能力。我们无法想象一个缺乏基本职业学识、平日不注重个人素质培养和积累的人，能够在当今激烈竞争的职场上应对自如，驰骋发挥。这样的人即便幸运地通过了应聘关，又将如何顺利地闯过岗位从业关呢？所以与其望洋兴叹，不如从现在起实实在在地做出努力，培养和积累你的学识、素质。

【技能训练】

（1）你是一位实习生，同事对你较冷淡，你如何尽快融入他们中去呢？
（2）当你知道了同事的隐私，你如何处理？
（3）有同事向你借钱，你会借给他吗？

【我思我悟】　我的收获与感悟：＿＿＿＿＿＿＿＿＿＿＿＿＿＿＿＿
【画龙点睛】　爱人者，人恒爱之；敬人者，人恒敬之。要懂得维护别人的自尊心，真诚对待别人。

【学习回顾】

（1）在求职过程中，要注意自己仪表的修饰，保持自我本色；言行举止处处显示你良好的品质、修养；做一份出色的简历，才能脱颖而出，并要记得有始有终。

（2）在工作中，要谦虚求教于领导，并要时时提高自己的学识、积累经验，为领导出谋划策，提升自己在领导心目中的地位。

（3）每天和同事相处，不可打探别人的隐私，保持适当距离才可和别人和睦相处；让我们学会承受失败，才能不断成长、走向成功。

【思考与体验】

测一测你是个受欢迎的人吗？在下列题目中，如果该项内容自己做到了，就在后面的括号内打"√"，若没做到则打"×"。

（1）热心班集体活动，对工作负责，总是为班级荣誉而战。（　）

（2）学习努力，要求上进，能虚心学习别人的长处。（　）

（3）有了过失能勇于承认，能接受别人的意见，并及时修正。（　）

（4）待人有礼貌，尊敬师长，言而有信。（　）

（5）别人取得成绩，你会为他高兴；别人有苦恼，你会安慰他。（　）

（6）批评同学总是善意的，不会在同学面前炫耀、显示自己的自命不凡。（　）

（7）你总是非常关注电视和报纸上的社会新闻。（　）

（8）你非常热心于公益事业。（　）

（9）你会与朋友谈论一些他们感兴趣的话题，即使这些话题你并不感兴趣。（　）

（10）能遵守校纪校规，在考试中做到诚信、不作弊。（　）

（11）兴趣广泛、风趣幽默、机智果敢。（　）

（12）仪表整洁、爱护环境。（　）

自测题中肯定的回答越多，表明你越受大家的欢迎。

项目七　双赢解决冲突问题

【学习目标】

- **知识目标**　初步认识冲突的概念和解决冲突问题的重要性。
- **能力目标**　掌握解决冲突问题的基本方法、技巧和途径。

【案例导入】

阅读下面两个案例,并根据启发和提示进行分析、思考和讨论。

案例一

> 王丽放学回来,见妈妈正在偷看她的信,就责问:"妈妈,你怎么能看我的信?"没想到,妈妈不但不认错,反而振振有词地说:"你是我身上掉下的一块肉,我要对你的成长负责啊!"王丽生气地说:"你这样算对我的成长负责吗?"妈妈气愤地说:"你要是同坏人交上朋友怎么办?妈妈要了解你!监督你!"……

小思考

王丽妈妈的观点对吗?为什么?

案例二

> 有两位武士同时走入一片森林里,第一位武士在一棵树下看到金色的盾牌,第二位武士在同一棵树下看到了银色的盾牌,金盾牌、银盾牌,两个人为此争吵不休,甚至拔出剑来一决胜负。两人整整厮杀了几天都分不出胜负,当累得坐在地上喘息时他们才发现,盾牌的正面是金色,反面是银色,原来这是一个双面盾牌。

小思考

你从这个故事中受到什么启发呢?

以上故事说明,人与人交往中难免会出现意见的分歧,哪怕是亲人和朋友也不例外,这就是人际冲突,伴随而来的是许多种情绪。这些类似事情在人际交往中经常上演,我们可能会天天碰到,但通常都不是彼此期望发生的。至于如何减少冲突,适当处理负面情绪,将是本项目学习的重点。

【知识链接】

7.1 了解冲突

本项目训练我们如何通过沟通解决人际冲突,告诉我们如何控制情绪,在什么情况下,话要怎么说,才会让我们的日常人际关系和谐、协调,从而达到合作双赢的最高境界。

冲突是指在人与人的互动中,由于利益上的不同,或出现不一致的意见,或因矛盾而引发相互排斥、抵触、争执、对抗和争斗的现象。

冲突可以说是到处存在的。人与人之间、群体与群体之间、民族与民族之间、国家与国家之间,都会因为种种原因,如思想观念、经济、文化等的不同而产生冲突。

当我们的权益受到损伤,自尊受到伤害,或是受到不公平待遇时,愤怒的情绪会油然而生。其实,愤怒的情绪是每个人都会有的,但是处理愤怒情绪的方式却因人而异。

首先我们要正确认识冲突,然后才能有效地解决冲突。

任务一　认识冲突

以上案例二乍听起来好像是一个笑话,但我们从中看出了冲突发生的原因之一——信息沟通不良。同一种现象,因每个人掌握的信息不同、理解的方式不同,因而认识的结果往往容易造成冲突,如学术观点的门户之争、派系之战。我们都熟悉《盲人摸象》的故事,同是一头象,有的人说像大柱子,有的人说像蒲扇,有的人说像绳子。之所以发生了争执,就是因为他们所站的角度不同,又不了解别人的立场,以致各执一词,以偏概全。

冲突发生的原因之二——对有限资源的竞争。

小故事

> 小莉工作了,每月有了一定的收入,妈妈希望她把零用钱存起来,作为以后结婚的开销或作为创业基金,但是小莉却有不同的打算,她想存足够的钱以后,先买一台计算机,然后再买一台游戏机,于是大家都有点不高兴。

小思考

小莉和妈妈的想法明显是有冲突的,那么你知道冲突的原因在哪吗?

在具有多种需求但却资源有限的情况中,通常会发生某种形式的冲突。实际利益分配的不协调或不公平,往往会导致利益分配者之间的直接冲突。

父母希望你进大学继续念书,爷爷奶奶希望你赶快出来工作,而你既不想继续念书也不想马上工作,只想好好休息一段时间。这就是冲突发生的原因之三——追求的目标不一致。

冲突发生的原因之四——归因。当我们碰到他人对我们造成损害的事情,或发现他人对我们不诚实,我们就会想,这个人是无意这样做的,还是有意而为之呢?一旦察觉到对方不诚实就会引起我们的反感和愤怒,并会与他们发生冲突。

冲突的形式根据轻重不同,可分为争议、口角、拳斗、械斗、仇斗、战争。这些不同形式的冲突会破坏社会风气,扰乱社会秩序,造成经济损失。但另一方面,冲突也具有一定的积极作用,如争议形式的冲突有助于不同观点和情绪的产生,还有助于建立新的关系。因而对待冲突的态度也就不是单一地防止它的产生,而是应该采用正确的方法去处理它,使冲突圆满解决。

任务二 管理情绪

了解情绪的人都知道情绪是无法防堵的,当刺激出现,或面临一个情景,相关的情绪就会随之而来,接着出现的就是相应的行为。情绪激动常使人丧失理智,在一时冲动之下做出误人误己的事。

小故事

《三国演义》中的周瑜才高气傲,心胸狭窄,诸葛亮利用他的这些弱点,在较量中一次次将其挫败——"三气周瑜",周瑜盛怒之下,连喊"既生瑜,何生亮",最后导致旧伤复发吐血身亡。

所以我们在处理冲突产生的情绪时,要正视它,保持冷静的头脑,把不良情绪的强度降到最低的限度,然后以合适的方式来疏解与管理,才能达到让冲突冷化、促成有效沟通的目的。

小故事

有一个人从小到大,一生气就往外面跑,别人看了觉得很奇怪,就问他为什么。他说:"年轻时我一边跑一边想,我又没钱又没势力,哪有资格跟别人斗气？"后来这个人大了，变得又有钱又有势力，一遇到不如意的事还是往外面跑，还是边跑的时候边想："那些跟我斗气的人，又没钱又没势力，我为什么跟他们一般见识？"

小思考

故事中这个人是怎么管理冲突情绪的？

管理情绪的方法很多，除了上述这种转移注意力的处理方式外，还可采取找人聊天的方法，通常称为"倒垃圾"。当心中有不如意时，就找个可信赖的人或心理专家谈一谈，将心中的疑惑和情绪倾吐出来，有许多问题在谈话中会自动整理，有时还会突然闪现出解决的方法；或者可以听听别人的意见，即使事情不见得可以解决，但是情绪会得到有效控制。

大家都知道，一个人高兴的时候，肯定会有高兴的动作，如手舞足蹈、展现愉快的笑容等；而一个人不高兴的时候，则会垂头丧气、两眼无神。这证明一个人的心理状态会影响到身体状态。心理学上有一个很重要的发现，就是想要改变情绪，想要改变心理状态，最决的方法就是改变身体状态。

一个人的肢体动作可以创造情绪，这就是身心互动的原理。进一步说，要有愉快的情绪，先要有愉快的动作；要有愉快的动作，先要有强烈、夸张的表情、呼吸状态和走路方法。有的人会问该怎么做，大家不妨试试先假装出一副快乐的样子。怎样才能假装？你可以假想："如果考试得了高分我会怎样？"放一些节奏欢快的音乐，让自己做一些类似高兴的动作，你可以让自己越来越高兴。

另外一个改变情绪的方法是呼吸法：采用腹部呼吸，将空气吸入下腹部丹田的位置，在不觉吃力的状况下吸满空气，让空气在体内停留数秒，然后慢慢将空气呼出，腹部随着空气的呼出而往内缩，持续约五秒后，再缓缓吸气……如此循环。

【技能训练】

尝试呼吸法以后，你有何感受？

改变一种用语，也可改变一种情绪。不知为什么，"累""烦"这样的字眼会经常挂在一些人的嘴边。如果我们仔细观察就会发现，凡是爱说"压抑""痛苦""没劲"的人，通常情绪都比较低落。

负面的用语不但束缚自己，也会影响别人。比如上司对自己的员工说："你这件事情没做好。"可以换成"你觉不觉得这件事情可以再做得好一点？"如果把"你这样表现很差劲"的话语，换成"你还有更大的进步空间"，员工听了肯定会备受鼓舞，会将自己的工作做得更加完美。

小故事

> 有一次,张飞带兵打仗,他们因为没有计划好而打了败仗。张飞让他们撤退,士兵们情绪不高。张飞说:"我们不是撤退,只是换个方向前进。"大家一听,立刻抖擞精神:"好,那就换个方向前进吧!"

所以,要通过改变说话的方式,杜绝渲染自己的痛苦和不快,就可以让自己保持良好的情绪。

情绪管理是一件很不容易的事,不论是在职场上,或是个人面对情绪的起伏,都要用成熟的态度来处理。能够面对并及时处理自己的情绪,才能在快速变动的工作场合中应付自如。

小故事

> 阿美和阿福是一对恋人,这天两人约好到餐厅吃饭。阿美准时到达,却不见阿福的踪影。等了半个多小时,打电话又没人接,阿美又生气又焦急,于是决定打车到阿福家看看,没想到快到阿福家巷口时,撞见阿福正和一位女孩在一起……

小思考

如果你是阿美,你当时的情绪会怎样?怎么处理这件事情?

【技能训练】

情景模拟:同桌两人因为其中一个同学不见一支水性笔引起了误会。

【我思我悟】 我的收获与感悟:＿＿＿＿＿＿＿＿＿＿＿＿＿＿＿

【画龙点睛】 我们要正确认识冲突,管理好情绪,然后才能有效地解决冲突。

7.2 解决冲突

天空有无尽的湛蓝,但仍为白云留出了些许空间,于是,蓝天满足了白云,白云点缀了蓝天;海洋有怒吼的波涛,但仍为游鱼留下了些许空间,于是,海水养育了游鱼,游鱼丰富了海洋。

冲突是客观存在的,也是不可避免的,认识到冲突有存在的合理性,就不要惧怕有冲突,重要的在于有了冲突后要积极寻找解决的办法,不能任其发展,否则它带来的后果将会是消极的,具有破坏性的。那么,应该如何解决已经发生的冲突呢?

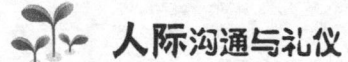

任务一　处理冲突的方法

在人际交往中，我们可能会做出各种错误的反应，去处理冲突，从而给我们人际关系带来许多负面影响。我们更要正确地寻找解决冲突的方法，从而有效解决冲突。

1. 处理冲突的第一种方法——退缩

小故事

> 周日回校，王林拎着生活用品走在路上，突然两个社会青年拦住了他的去路："小子哪里去？""到学校读书去。"他们在王林面前晃了晃拳头："大哥这几天手头紧，给我去买包烟抽！""我没钱。""你小子欠揍，快拿出钱来！"其中一个揪住王林衣领要打他。王林害怕被打，只好交出仅有的50元钱。两个社会青年威胁王林不许将此事告诉老师和别人，否则要他好看。王林心中不服，但也不敢违抗，没有将此事告诉别人。

2. 处理冲突的第二种方法——攻击

小故事

> 徐军上周四早上在食堂买早餐，突然汽修1209班的孙南挤到徐军的前面插队，徐军相当恼火，大声训斥孙南不应该插队。但孙南不理徐军，还朝徐军白了白眼，仍插在前面。徐军顿时火起，冲过去一把把孙南推出队伍，孙南也不示弱。两人就在食堂里打了起来。结果两人都受了伤，还受到学校处分。

3. 处理冲突的第三种方法——调解

小故事

> 丁一和王磊向来有矛盾，又住在同一寝室。一次老师放学后把丁一叫到办公室，叫他不要把手机带到学校来："放假后再来拿。"丁一心里很恼火，心想一定是王磊打的小报告，于是找到王磊，不容分说地指责王磊是"狗腿子""汉奸"。王磊心中也很委屈，因为此事与他无关，而是汪老师自己看到的。于是找来马民，马民是丁一和王磊共同的朋友，马民从中调解，澄清了事实真相，从此两人的误会与猜疑也消除了。

4. 处理冲突的第四种方法——协商

小故事

> 星期日，壮壮的哥哥正在家里复习功课，隔壁房间里，壮壮正在听音乐，并且把声音开得很大，哥哥敲了敲壮壮的门，对他说："把音响关小点，我正在复习功课，明天要考试！"壮壮正陶醉在音乐中，被哥哥这么一说，虽然不很高

兴，但又一想：哥哥考试比我听音乐重要，再说我可以戴耳机听。于是，壮壮说："对不起，影响你复习功课了。这样吧，我用耳机听音乐，我们就可以互不干扰了。"哥哥脸上露出了笑容。

小思考

以上的故事分别用退缩、攻击、调解、协商来解决冲突，你对此有何评价？
他们各自的表现为：_____
结果为：_____

显然，对于处理冲突四种典型的处理方式，协商是最为有效的一种。通过协商，冲突双方互相尊重对方的愿望，认为双方对冲突都负有责任，并积极地寻找令双方都满意的化解方式。

运用协商解决冲突包括下列五个步骤：
第一，陈述你的愿望及理由；
第二，陈述你认为的对方的愿望及其理由；
第三，提出解决冲突的办法；
第四，选择一个解决方法；
第五，检验这个方法是否令双方都满意。

【技能训练】

请你按照这五个步骤对下面的情境进行角色扮演，并将你的想法填写在下面的横线上。

（1）三军和孙明明因食堂排队发生了争执。1~3组扮演三军，4~6组扮演孙明明。

我的愿望是：_____
因为：_____
我认为对方的愿望是：_____
因为：_____
我建议这样解决冲突：_____
请与对方交流你的上述想法，并倾听对方的意见。选择一个解决冲突的方法：_____
我们决定这样解决冲突：_____
这个方法令双方都满意吗？（是/否）
练一练：请举一个你成功解决冲突的事例（运用协商）。在班内共同分享你的经验。

（2）星期天老王和妻子上街买菜，路过一个商贩的菜摊前，不小心把商贩的西红柿碰到地上，还摔烂了两个……

请大家扮演不同角色处理这件事情。

任务二　让每个人都赢

1. 了解每个人的需求，找出解决方案

我们认识了解决冲突的方法，但我们更要认识到解决冲突的过程就是解决问题的过程，如何做到双赢是我们追求的最高目标。

有两个人都想要厨房里仅剩的那一只橘子，该怎么办呢？切成两半？丢铜板碰碰运气？或让给最需要它的人？

当我们面对问题的时候，应该将整个情况做更深入的了解，找出更多可行的方案，最后再决定所采取的行动。像出现前面这种情况，我们进行处理的方案就应按以下四步展开。

第一步：了解双方的需要。

提问：你为什么要橘子？

甲回答：我口渴，想喝果汁。

乙回答：我想要用橘子皮做蛋糕。

第二步：找出彼此的共同点。

在这个例子中，两个人需要同一样东西，却有不同的用途，这并不令人意外。因为个性、目的及兴趣上的差异，每个人的需要也不尽相同。注意调查就能从差异中找到共同点。

第三步：是否有可行的办法。

在甲想喝果汁，而乙想要橘子皮的情况下，答案是显而易见的，因为双方都可以从一只完整的橘子里各取所需。其实双赢的理念有时候非常容易完成。但假设情况不是这么单纯，两个人同时想要橘子，因为两个人都口渴时该怎么办？这时就应该考虑平分橘子或采用其他的方法。

第四步：一起合作。

如果两个人都口渴而把橘子分成两半，就是类似一种折中的方式，使双方的关系得以维持或改善。我们应该尊重彼此的需要，寻求使人皆大欢喜的双赢之道。

2. 尊重自己与对方的价值观

小故事

一位青年拜访年长的智者。青年问："我怎样才能成为一个既乐观开朗又能使别人快乐的人呢？"

智者说："我送你四句话，第一句是：把自己当成别人。即当你感到痛苦、忧伤的时候，就把自己当作别人，这样痛苦自然就减轻了；当你欣喜若狂时，把自己当作别人，那些狂喜也会变得平和些。第二句话是：把别人当作自己，这样就可以真正同情别人的不幸，理解别人的需要，在别人需要帮助的时候给予适当的帮助。第三句话：把别人当成别人，要充分尊重每个人的独立性，在任何情形下都不能侵犯他人的核心领地。第四句话是：把自己当作自己。"

青年问道："如何理解把自己当自己，如何将四句话统一起来？"

智者说："用你一生的时间、用心去理解吧。"

小思考

你是如何理解这四句话的？

3．寻求创新、巧妙解决

小故事

龟兔赛跑的故事连幼儿园的小朋友都知道。兔子因为骄傲，半路上睡着了，于是乌龟跑了第一。可是，龟兔赛跑不只赛一次啊。第一次乌龟赢了，兔子不服气，要求再赛第二次。第二次赛跑兔子吸取了经验，一口气跑到了终点，兔子赢了。乌龟不服了，对兔子说，咱们赛第三次吧，前两次都是按你指定的路线跑，第三次该按我指定的路线跑。兔子想，反正我跑得比你快，你怎么指定路线我都同意。于是就按照乌龟指定的路线跑。又是兔子一马当先，快到终点时，一条河挡住了去路，兔子过不去了。乌龟慢慢爬到河边游过去了，这次又是乌龟得了第一。当龟兔商量再赛一次的时候，它们突然改变了主意，何必这样竞争呢，大家合作吧！在陆地上兔子驮着乌龟跑，很快跑到河边，到了河里，乌龟驮着兔子游，结果这次比赛是双赢的结局。

小思考

最后一次龟兔赛跑它们是怎么达到双赢的目标的？

双赢的理念能够创造伙伴，而非树立对手。寻求让每个人都获得满足的方法，不仅有助于事业上的成功，更能丰富人生。

双赢是一种成功的策略，不必牺牲自己来成全别人，因为它是以互惠为前提，找出解决冲突的方法。

双赢是一种有效解决冲突的方式。做到双赢，应从以下几方面入手。

定义出每个人的需求，尽量满足每个人的需求；

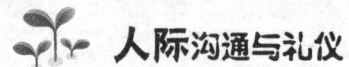

尊重自己与对方的价值观，尽量客观，对事不对人；

平等待人，不要施加压力，力求创新与巧妙的解答；

对事坚持，对人温和。

【技能训练】

瞎子走路

两人一组（如A与B），A先闭上眼睛，将手交给B。B可以虚构任何地形或路线，口述注意事项指引A行进，如："向前走……迈台阶……跨过一道小沟……向左拐……"

然后交换角色，B闭眼，A指引B走路。大家谈谈感受。分析成功或失败的原因。

【我思我悟】 我的收获与感悟：＿＿＿＿＿＿＿＿＿＿＿＿＿＿＿＿＿＿

【画龙点睛】 双赢是一种有效解决冲突的方式。

【学习回顾】

本项目讲述了双赢解决冲突的基本方法和技巧。首先我们要认识冲突，并理解冲突是人际交往中不可避免的，重要的是要管理好情绪，让冲突冷化。常用到解决冲突的处理方法有退缩、攻击、调解和协商。协商是最为有效的一种。解决冲突的过程就是解决问题的过程，达到双赢是我们追求的最高目标。双赢是一种成功的策略，是一种有效解决冲突的方式。

【思考与体验】

测一测你是否善于处理日常关系？请回答下面的问题。

（1）一位朋友邀请你参加他的生日。可是，任何一位来宾你都不认识：

　　A．你借故拒绝，告诉他说："那天已经有别的朋友邀请我了。"

　　B．你愿意早去一会儿帮助他筹备生日

　　C．你非常乐意去认识他们

（2）在街上，一位陌生人向你询问到火车站的路。这是很难几句话就讲清楚的，况且你还有急事：

　　A．你让他去向远处的一位警察打听

　　B．你尽量简单地告诉他

C．你把他引向火车站的方向

（3）你表弟到你家来，你已经有两个月没有见到过他了。可是，这天晚上电视里会播放一部非常精彩的电影：

  A．你让电视开着，与表弟谈论

  B．你说服表弟与你一块看电视

  C．你关上电视机，让表弟看你假期中的照片

（4）你父亲给你寄钱来了：

  A．你把钱搁在一边

  B．你买一些东西，如油画、一盏漂亮的灯，装饰一下你的卧室

  C．你和你的朋友们小宴一顿

（5）你的邻居要看电影去，让你照看一下他们的孩子。孩子醒后哭闹起来：

  A．你关上卧室的门，到餐厅去看书

  B．你看看孩子是否需要什么东西。如果他无故哭闹，你就让他哭去，终究他会停下来的

  C．你把孩子抱在怀里，哼着歌曲哄他入睡

（6）如果你有闲暇，你喜欢干些什么？

  A．待在卧室里听音乐

  B．到商店里买东西

  C．与朋友一起看电影，并与他们一起讨论

（7）当你周围有同事生病住医院时，你常常是：

  A．有空就去探望，没有空就不去了

  B．只探望同你关系密切的

  C．主动探望

（8）在你选择朋友时，你发现：

  A．你只能同你趣味相同的人友好相处

  B．与兴趣、爱好不相同的人偶尔也能谈谈

  C．一般来说你几乎同任何人都合得来

（9）如果有人请你去玩或在聚会上唱歌，你往往：

  A．断然回绝

  B．找个借口推辞掉

  C．欣然应邀

（10）对于他人对你的依赖，你的感觉是：

  A．避而远之，我不喜欢结交依赖性强的朋友

B. 一般来说，我并不介意，但我希望我的朋友们能有一定的独立性
C. 很好，我喜欢被人依赖

说明：选择 A 得 0 分，选择 B 得 1 分，选择 C 得 2 分。

分数为 13～20 分：你能非常积极地处理日常关系，是一个非常受欢迎的人。

分数为 7～12 分：你处理人际关系不够积极主动，是属于被动型的交往对象，不太受到别人的欢迎。

分数为 0～6 分：你处事太冷淡，很难进行有效的人际交往，需努力改正。

请回答下列问题，自测一下处理问题的能力。假如题中所出现的情况对你来说尚未发生过，则按你将来会处理那些问题时的方法去选择。

（1）朋友生日、结婚、纪念日等，这些看来你不可避免要花钱的时候：
  A. 告诉对方不要通知自己这些事，这样便可以不买礼物了
  B. 只送礼物给那些被你认为是重要的人
  C. 经常收集一些小的或比较奇特的礼物来应付这些情况

（2）你和别人发生矛盾或纠纷，不得不去法庭诉理时：
  A. 去法庭的焦虑和不安使你失眠了
  B. 暂时把它忘却，到出庭时再设法去应付
  C. 这是人生中难免要发生的事件之一，并不怎么重要

（3）你房间里的家具因水管漏水被损坏时：
  A. 你非常不快，口口声声地抱怨着
  B. 你想借此不交房租，并写了批评信
  C. 你自己擦洗、修理，使家具复原

（4）你和邻居发生了争执，而毫无绪果时：
  A. 靠喝酒来解闷，把它忘了
  B. 请来律师，讨论怎样诉讼
  C. 出外散步来平息你的愤怒

（5）你的能力得到承认，并得到了一个重要工作时：
  A. 想放弃这种机会，因为这种工作的要求太高
  B. 怀疑自己能否承担起这项工作
  C. 仔细分析这项工作的要求，做好准备设法把工作干好

（6）你的亲友在事故中受了重伤，当你得知这个消息时：
  A. 叫来医生，要求服镇静药来度过以后的几小时
  B. 抑制住自己的感情，因为你还要告诉其他亲友
  C. 听到消息便失声痛哭

(7) 当你感觉身体不舒服时：
　　A．拖延着不去就诊，认为慢慢会好的
　　B．自己诊断一下便知得了什么病
　　C．鼓足勇气，把这种情况及时告诉家人，然后去医院检查

说明：选择 A 得 0 分，选择 B 得 1 分，选择 C 得 2 分。

分数为 8～14 分：你有较强的处理问题的能力，能自如地应对生活中的各项事务。

分数为 4～7 分：你能处理一些常见的问题，但缺乏积极的沟通能力。

分数为 0～3 分：你缺乏处理问题的热情，不善于沟通，需积极调整自己。

测一测你控制情绪的能力。

(1) 你时常怀疑别人对你的言行是否真的感兴趣。
　　A．是的　　　　B．不太确定　　　　C．不是的
(2) 你神经脆弱，稍有一点刺激你就会战栗起来。
　　A．时常如此　B．有时如此　　　　C．从不如此
(3) 早晨起来，你常常感到疲惫不堪。
　　A．是的　　　　B．不太确定　　　　C．不是的
(4) 在最近的一两件事情上，你觉得自己是无辜受累的。
　　A．是的　　　　B．不太确定　　　　C．不是的
(5) 你善于控制自己的面部表情。
　　A．是的　　　　B．不太确定　　　　C．不是的
(6) 在某些心境下，你会因为困惑陷入空想，将工作搁置下来。
　　A．是的　　　　B．不太确定　　　　C．不是的
(7) 你很少用难堪的语言去刺伤别人的感情。
　　A．是的　　　　B．不太确定　　　　C．不是的
(8) 在就寝时，你常常：
　　A．不易入睡　B．不太确定　　　　C．极易入睡
(9) 有人侵扰你时，你会：
　　A．不露声色
　　B．不太确定，可能不露声色，也可能说给别人听，以泄私愤
　　C．总要说给别人听，以泄私愤
(10) 在和人争辩或险遭事故后，你常常感到震颤，精疲力尽，而不能继续安心工作。
　　A．是的　　　　B．不太确定　　　　C．不是的

（11）你常常被一些无谓的小事所困扰。

      A．是的　　　　　B．不太确定　　　　　C．不是的

（12）你宁愿住在嘈杂的闹市区，也不愿住在僻静的郊区。

      A．是的　　　　　B．不太确定　　　　　C．不是的

（13）未经医生许可，你是从不乱吃药的。

      A．是的　　　　　B．不太确定　　　　　C．不是的

说明：选择 A 得 0 分，选择 B 得 1 分，选择 C 得 2 分。

分数为 16～26 分：你时常被紧张情绪困扰，缺乏耐心，心神不宁，过度兴奋；时常感觉疲乏，又无法摆脱以求宁静。在集体中，对人和事缺乏信念。每日生活战战兢兢，不能控制住自己。你可以认真分析一下导致心理紧张的原因，如果是外来的，要设法克服；如果是内在的，就应学会"忙里偷闲"，培养多方面的兴趣，使自己绷紧的神经放松下来。

分数为 9～15 分：你紧张度适中，有利于完成自己的学习或工作任务，生活充实；偶有高度紧张之感，可积极加以控制和调节。

分数为 0～8 分：你心平气和，知足常乐，能保持内心的平衡。但有时过分疏懒，缺乏进取心。你要提高自己的进取心，不能过分安于现状。